Valentina Mazzaferro

Locri Epizefiri

indagine storico archeologica

sull'ultima polis

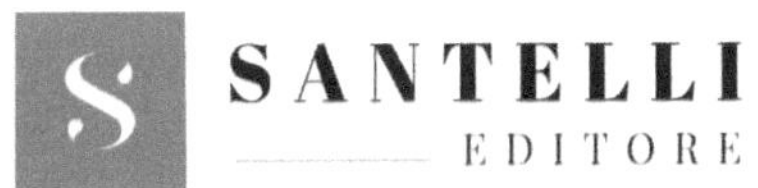

SANTELLI EDITORE

Locri Epizefiri
Indagine storico - archeologica sull'ultima polis
di Valentina Mazzaferro
prima edizione: Gennaio 2019
© *2019*, Santelli editore

Santelli editore
Viale Giacomo Mancini 236,
87100 Cosenza
0984.406939
info@santellieditore.it
www.santellieditore.it

Finito di stampare
nel mese di Gennaio 2019

Progetto editoriale a cura di
Alfredo Arturi

INTRODUZIONE

Alla base di questo lavoro editoriale vi è la città di Locri Epizefiri, una delle più meravigliose *poleis* greche dell'Occidente. Locri continua ad esistere ancora oggi, situata lungo la costa jonica reggina.

Le motivazioni che inducono ad approfondire tale tema sono molteplici. La Locride è sempre stata trascurata dal punto di vista culturale e archeologico nonostante sia stata il "teatro" e il "palcoscenico" di eventi storici, mitici e artistici unici ed irripetibili. Un territorio martoriato da numerose persone che nella loro ingenuità ed ignoranza hanno saccheggiato e talora distrutto numerosi monumenti.

L'obbiettivo di questo elaborato è quello di ripercorrere le fasi storiche, culturali e artistiche di una città così importante e florida come fu Locri Epizefiri e allo stesso modo soffermarsi su monumenti, costruzioni, santuari appartenenti all'antica *polis;* in modo tale da tramandare al lettore una parte di quel fascino originario che tali opere dovevano emanare.

Questo progetto può essere anche paragonata ad una strada tortuosa pieni di sassi che intralciano il cammino, ma che infine ci regalerà una visione meravigliosa costituita da ciò che per secoli è stato creato in quel "piccolo fazzoletto" di terra della costa jonica, sarà una visione caratterizzata dalla presenza di storie di miti, di *Pinakes* che raccontano diverse vicende, di Santuari ricchi di bellezza. Nel primo capitolo si tratterà delle origini di Locri Epizefiri, ripercorrendo le fasi di arrivo e stabilizzazione dei coloni presso il sito dell'antica *Lokroi*, per poi passare alla trattazione di personalità illustri presenti nell'antica *polis* da Zaleuco famoso per una legislazione di tipo aristocratico, a Nosside poetessa che oltre a scrivere bellissimi epigrammi in cui il tema centrale è l'amore si dedicò anche a componimenti in cui esaltava le doti militari degli antichi coloni. Verranno trattati anche molti altri avvenimenti importanti come ad esempio i numerosi scontri militari tenutesi tra Locri e le altre *poleis*, l'introduzione della moneta, per poi fare dei piccoli accenni riguardo la vita di Locri durante l'età Repubblicana e l'età Imperiale.

Nel secondo capitolo si parlerà della struttura della città di Locri Epizefiri. In modo particolare si concentrerà l'attenzione su alcuni aspetti peculiari come la cinta muraria, le strade, con un breve accenno anche alle aree private. Inoltre, si tratterà con attenzione anche il tema degli spazi e degli edifici pubblici, concentrandosi soprattutto sull'aspetto della costruzione e sui materiali che venivano di solito impiegati. Per poi passare infine alla trattazione del tema delle Necropoli, all'interno della quale vengono anche analizzate quelle rinvenute nel sito della *polis* di Locri.

Nel terzo capitolo verrà affrontato un argomento molto importante, i santuari presenti nell'antica *polis*. Sarà effettuata con molta attenzione un'analisi riguardante tutti i santuari presenti all'interno dell'originaria città. Ad iniziare dal Santuario di Casa Marafioti, con un accenno anche alla Teca dell'archivio del Santuario di Zeus Olimpio. Per poi passare alla trattazione del Santuario della Dea Persefone, concentrandosi soprattutto sulla particolarità e sulla grande quantità di *Pinakes* rinvenuti e attribuiti al culto della Dea degli Inferi. Successivamente ci sarà una trattazione riservata ad un Santuario rupestre, come quello di Grotta Caruso e infine un accenno al famoso ed enigmatico edificio *Stoà* ad U.

Il quarto capitolo si aprirà con una breve trattazione della vita di due studiosi. Uno famoso, l'altro conosciuto soprattutto a livello locale. Si tratta di Paolo Orsi ed Emilio Barillaro. Successivamente verranno trattati due problemi molto importanti a cui ancora oggi non si è arrivati ad una soluzione vera e concreta, ovvero il problema di ubicazione dell'antica *akropolis* e l'altro sempre relativo all'ubicazione del porto. Verranno analizzate varie testimonianze, attraverso le quali si cercherà di arrivare ad una spiegazione quasi certa.

Infine, a chi ha avuto il coraggio di metterci l'impegno per condurre una meritevole ricerca archeologica attraverso la quale è stato possibile conoscere molte informazioni appartenenti al passato dell'antica *Lokroi*. Grazie a Paolo Orsi, che ci ha fatto capire come l'amore per la ricerca deve essere qualcosa che nasce da dentro *in primis* e poi una componete da mettere sul campo.

Capitolo 1

Locri Epizefiri: *polis* greca

1.1 Le origini di Locri

Vi sono state ed esistono ancora oggi delle circostanze favorevoli che ci consentono di possedere una approfondita conoscenza di Locri Epizefiri, della sua cultura, della sua economia, della sua storia. Le fonti letterarie ci permettono di possedere notizie di Locri fin dai tempi più remoti, dalla fondazione all'età romana; molto importante è ricordare che al tempo di Cicerone Locri era considerata una delle più grandi città della Magna Grecia insieme a Taranto, Reggio e Napoli[1]. Successivamente il sito dove sorgeva originariamente Locri fu abbandonato; il motivo di questo abbandono è legato a circostanze storiche, economiche e sociali che hanno preferito un arroccamento a Gerace. La cronologia riguardo alla nascita di Locri Epizefiri è molto controversa. Dal punto di vista delle fonti letterarie si hanno a disposizione due possibili versioni: la prima è tramandata da Eusebio vescovo di Cesarea (IV secolo d.C.), il quale indica come anno di nascita di Locri Epizefiri il 673 a.C.; la seconda è tramandata da Strabone geografo greco di età augustea, il quale afferma che la nascita di

---

1 DE FRANCISCIS 1977, p. 11.

Locri Epizefiri sia avvenuta poco dopo la fondazione di Siracusa (730 a.C.) e di Crotone (720 a.C.)[2].

Tutti questi dati confermerebbero che la nascita di Locri Epizefiri sia avvenuta entro e non oltre l'VIII secolo a.C. Molti studiosi hanno preferito ritenere come esatta l'ipotesi formulata da Eusebio, ma nuovi e recenti scavi archeologici avvalorano e conferiscono maggior consenso all'ipotesi formulata da Strabone.

Il nome della *polis* "*oi Lokroi o epizephyrioi*" è un'espressione plurale, si riferisce al nome degli abitanti cioè "i Locresi" che abitano presso lo Zefirio[3]. Sul nome della *polis* sono state avanzate molte altre interpretazioni, lo studioso Musti dice che nella molta bibliografia esistente su Locri non è stato riportato con ulteriore chiarezza che Locri Epizefiri è la sola che riproduce in modo puro nel suo nome, il nome dell'*ethenos* da cui deriva[4]. Epizefiri è una collocazione geografica che pare abbia avuto un uso ufficiale, (anche se il nome non compare nelle tavole bronzee in quanto si trattava di testi contabili che si occupavano della vita quotidiana della *polis*); da ricordare anche come la denominazione Epizefiri fosse già presente in Ecateo e in Erodoto. Pembroke all'interno degli *Annales* invece sosteneva che "Locri" fosse un nome di popolo e non di luogo, quindi è importante notare l'identità del

---

2 COSTAMAGNA, SABBIONE 1990, p. 32.
3 *Ibidem* p. 33.
4 MUSTI 1977, p. 25.

popolo al quale i coloni appartenevano e dai quali successivamente si separarono. Callimaco insieme ad altri studiosi sostenevano che l'aggettivo "Zefirio" derivi dal vento e non da un colle. La tesi sostenuta da Callimaco non entra in contrasto con altre tesi sostenute da molteplici studiosi, che facevano derivare l'aggettivo *"epizefiri"* dalla vicinanza di un colle denominato dal vento Zefirio. Indubbiamente ha pure influito la breve distanza tra il sito definitivo della colonia locrese dal Capo Zefirio, che si presenta come una spiegazione molto più poetica e vaga rispetto ad un semplice riferimento di un colle. L'interpretazione di Callimaco sarebbe ritenuta più formale se alla base del suo ragionamento ci sarebbe l'elemento cardine del pensiero di Eustazio, il quale affermava che <<*Molti dicono che essi (i Locresi Epizefiri) siano chiamati così per distinguerli dagli altri Locresi poiché quelli abitano altrove ed essi nella direzione del vento Zefirio (più a occidente)*>> [5].

____

5 MUSTI 1977, p. 26.

1.1.1 Lo sbarco presso Capo Zefirio e l'arrivo a Janchina

Molte fonti tramandano che i Locresi erano partiti da una regione della Grecia centrale, per andare alla ricerca di un territorio fecondo e adatto all' agricoltura. In un primo momento sbarcarono presso Capo Zefirio, ma successivamente si resero conto che la costa di Janchina posta km 25 più a Nord fosse molto più ricca di acqua e di risorse primarie. Così come avvenne in altre occasioni, anche in questo caso la conquista del nuovo territorio ha portato con sé un inevitabile ondata di violenza, che i Locresi hanno investito con grande ferocia nei confronti degli abitanti indigeni del villaggio di Janchina. Tutti questi elementi sono confermati, anche da un'attenta analisi condotta sulle tombe delle necropoli, che cessano di essere usate tutte nello stesso periodo. Un altro dato molto fondamentale è costituito dal fatto che all'interno delle tombe di Janchina non sono stati rinvenuti vasi protocorinzi, invece presenti all'interno delle tombe di Locri Epizefiri[6]. Tali informazioni confermano come la fine dell'insediamento sia avvenuta attorno al 710-700 a.C. E tale dato avvalora ancora di più l'ipotesi che la colonia di Locri Epizefiri sia nata entro e non oltre la fine del VIII secolo a.C.

La struttura sociale dei Greci apparve molto ben organizzata all'interno di molti ambiti come quello economico, politico e

---

6 COSTAMAGNA, SABBIONE 1990, p. 34.

sociale. Le fonti archeologiche affermano che nel giro di 150 anni la cultura indigena sia stata assorbita da quella greca.

Riguardo allo *status* sociale dei coloni che erano partiti dalla regione centrale della Grecia per arrivare a Capo Zefiro, sono state avanzate molte interpretazioni. Polibio e Aristotele affermano che coloro i quali presero parte all'*Apoikia* (cioè al viaggio dalla Grecia fino a capo Zefirio)[7], erano servi insieme a donne aristocratiche, i quali mariti o padri si trovavano impegnati a sostenere gli Spartani nella guerra contro i Messeni. Molti storici moderni tra cui Timoteo negano però in modo preciso la discendenza servile dei Locresi[8], altri considerano tale informazione come una forma di calunnia creata per screditarli. Polibio è tra le fonti certe che insistono sul ruolo fondamentale delle donne a Locri Epizefiri, poiché affermava che a Locri la nobiltà nascesse dalla linea femminile e non da quella maschile[9]. Altri studiosi sostengono che a Locri invece esistesse una forma di matriarcato, ma tale ipotesi sarebbe errata perché pare che le donne abbiano avuto un ruolo fondamentale solo nella prima generazione della colonia. È confermata anche la notizia che sottolinea la grande considerazione di cui godevano le donne a Locri Epizefiri, alle quali venivano conferite particolari funzioni

---

7 *Ibidem* p. 35.
8 COSTAMAGNA, SABBIONE 1990, p. 35.
9 *Ibidem.*

religiose e dal punto di vista giuridico erano anche titolari dei patrimoni familiari.

A Locri Epizefiri furono importate anche alcune strutture sociali della Grecia, come ad esempio l'usanza di suddividere i cittadini in varie tribù o costruzioni politiche come "L'assemblea dei mille", comprendente forse tutti i cittadini con pieni poteri politici.

1.2 Zaleuco legislatore tra leggenda e storia

Le leggi rigidamente aristocratiche di Locri sono collegate alla legislazione di Zaleuco. Riguardo alla personalità di Zaleuco ci sono molti dubbi e perplessità. Molti storici tra cui Timoteo, lo considerano come una figura mitica mai esistita, dato che riguardo alla sua persona si conservano pochissime notizie[10]; inoltre esistono anche molti dubbi riguardo alla data e al contenuto esatto della legislazione. Demostene, affermava che a Locri la legislazione era rimasta identica "per più di duecento anni"[11]; quindi in maniera indiretta viene confermata l'ipotesi che la nascita di Locri sia avvenuta entro la prima metà del VI secolo a.C. o nel VII sec. a.C.

Strabone invece considera la legislazione di Zaleuco come una delle più antiche legislazioni redatte dai Greci. Le norme giuridiche attribuite a Zaleuco sono di stampo conservatore e sembrano voler concentrare il pieno potere nelle mani degli aristocratici.

All'interno del codice legislativo di Zaleuco era presente anche la "Legge del Taglione", che nel contesto del disegno aristocratico di Locri corrisponde ad un punto di equilibrio; ed era inclusa anche una legislazione contro gli eccessi del lusso nel vestire e nel

---

10 COSTAMAGNA, SABBIONE 1990, p. 35.
11 *Ibidem* p. 36.

possesso della servitù. La Legge del Taglione riflette disegni di precise strutture economico-sociali e di altrettante classi mentali, così come viene confermato all'interno di una trattazione in cui Demostene parla della legge. Demostene infatti sottolinea in modo evidente la grande innovazione che apportò, ed insiste in maniera precisa sul particolare che non dovesse esistere un risarcimento in denaro; poiché tale risarcimento disponibile soprattutto dalle classi più alte, poteva dare un forte consenso ad un determinato ceto sociale e allo stesso tempo rafforzarlo. Un'altra legge che Polibio attribuisce a Zaleuco, dedita sempre alla conservazione degli equilibri del mondo aristocratico, è quella secondo cui nel caso di lite sul possesso di un oggetto, fino al giudizio questo doveva considerarsi come proprietà di colui al quale era stato sottratto[12].

Riguardo Locri e le sue leggi, la tradizione sul pitagorismo di Zaleuco è piuttosto tarda, precedente a Timeo ma sicuramente posteriore ad Aristotele. Aristotele non prende in considerazione tale tradizione, all'interno del brano la *"Politica"*, racconta dell'erronea genealogia dei legislatori; ed è possibile anche rintracciare il suo chiaro rifiuto nei confronti di uno schema cronologico che riduce alla fine del VI secolo a.C. la vita dei legislatori Zaleuco e Licurgo. Questa posizione indica chiaramente come non ci possa essere un netto collegamento tra Zaleuco e

---

12 MUSTI 1977, p. 78.

Pitagora. Infine, si può capire come Aristotele sostenesse chiaramente che la legislazione di Zaleuco non avesse alcun tipo di discendenza pitagorica. Si può anche affermare che la legislazione di Zaleuco si collegava in modo perfetto con l'aristocrazia locrese, che riproduceva tutti i caratteri di un'oligarchia. Si trattava di un'aristocrazia molto conservatrice, gelosa, che voleva proteggere a qualunque costo e in qualsiasi modo i suoi privilegi e gli equilibri più intimi; ma era anche un'aristocrazia che risultava divisa in vari gradini o che presentava vari gradi di ricchezza.

1.3 Profili della Politica estera di Locri nei secoli V e IV a.C.

Locri durante l'VII secolo a.C. dovette affrontare una grande crisi sociale, causata *in primis* da una influente crescita demografica; così iniziarono a formarsi delle sub colonie, tra le prime fondate ci sono:

- Medma: oggi Rosarno, situata nei pressi del fiume Mesima.

- Hipponion: oggi Vibo Valentia situata a settentrione dell'area del Poro.

Entrambe le colonie molto probabilmente sono sorte entro la fine del VIII secolo a.C.[13].

---

13 COSTAMAGNA, SABBIONE 1990, p. 36.

1.3.1 Gli scontri tra Locri e le altre colonie magnogreche

Nel corso del VI secolo a.C. presero vita vari scontri tra le colonie della Magna Grecia, per motivi culturali, sociali ed economici.

Esemplare fu lo scontro avvenuto tra Locri Epizefiri e Crotone, che presumibilmente ebbe fine durante la metà del VI secolo a.C. e si concluse con la vittoria di Locri avvenuta nella "Battaglia del fiume Sangra"[14]. Sono state avanzate molteplici ipotesi sulla collocazione del fiume, da molti identificato con i fiumi Amusa, Alllaro, o Busento. Riguardo ai rapporti tra Locri e Reggio appare confermata l'ipotesi formulata da uno studioso inglese Dunbabin[15]. I rapporti tra Locri e Reggio erano stati di tolleranza reciproca almeno fino al V secolo a.C., poiché durante la guerra contro Crotone, Locri era stata alleata di Reggio; ma ben presto tra le due città iniziarono a sorgere dei veri e propri contrasti. Grave fu l'attacco che la città di Reggio guidata da Leofrone figlio del tiranno Anassilla, sferrò nei confronti di Locri; databile presumibilmente intorno al 477 a.C. e fu proprio in questo momento che Locri cercò di consolidare la sua alleanza con Siracusa. Un'alleanza che sarà destinata a durare molto a lungo e la prova ci viene fornita dal fatto che cinquant'anni dopo questo episodio, i Locresi aiuteranno i Siracusani a combattere contro

---

14 COSTAMAGNA, SABBIONE 1990, p. 37.
15 MUSTI 1977, p. 85.

Reggio, città che appoggiava le operazioni militari nella prima parte della Guerra del Peloponneso.

L'alleanza tra Locri e Siracusa si rafforza ancora di più tramite la figura del tiranno Dionisio I, che viene sancita in maniera ufficiale tramite il patto stabilito nel 398 a.C.; tale patto prevedeva anche il matrimonio tra Dionisio I e la figlia di una delle più importanti famiglie della nobiltà locrese[16].

Locri diventa così il punto di riferimento della politica Dionigiana in Italia meridionale e può contare anche sui numerosi vantaggi delle conquiste effettuate da Dionigi (Caulonia, Medma, Hipponion). Il successore ovvero Dionigi II fu cacciato da Siracusa nel 356 a.C. e ricevette ospitalità a Locri in quanto appartenente ad un importante casata locale. Dopo un breve periodo iniziò ad applicare una politica che andava contro gli interessi degli aristocratici, mossa che compie in modo tale da avere i fondi necessari per ritornare a Siracusa. Tale scelta, scaturì la più netta disapprovazione dei Locresi, i quali decidono di approfittare dell'assenza di Dionigi II per uccidere tutta la sua famiglia. Successivamente le leggi di impianto aristocratico imposte da Dioniso furono sostituite da "Leggi democratiche".

____

16 COSTAMAGNA, SABBIONE 1990, p. 37.

1.4 Introduzione alla moneta

A Locri Epizefiri la nascita della moneta è avvenuta nel momento in cui le leggi aristocratiche furono sostituite da leggi democratiche, l'antica *polis* iniziò a coniare moneta quando fu avviata la legislazione democratica, quindi intorno alla metà del IV secolo a.C. cioè due secoli dopo le altre *poleis* magnogreche[17]. Esistono molteplici dubbi riguardo l'enigma della circolazione monetaria tra il VI e il IV secolo a.C. molti sostengono che in questo periodo sia stata usata moneta straniera, oppure che esistesse un tipo di economia agraria priva di moneta. Le prime emissioni di monete erano create da strateri e dramme d'argento di tipo corinzio (pegaso), destinate al commercio estero. Erano presenti anche strateri e nominali frazionari di tipo locale per il commercio interno, emissioni che generalmente appaiono tutte datate tra il 350 e 268 a.C.[18]. I strateri corinzi prendevano spunto dai modelli delle monete siracusane, dato lo stretto rapporto che collegava Locri a Siracusa. Gli strateri locali invece riportavano generalmente sul lato destro la rappresentazione della testa di Zeus e sul retro simboli del dio, come ad esempio la figura di Eirene; secondo quanto afferma un'attenta analisi condotta dalla studiosa Pozzi Paolini sulla monetazione locrese. A Locri sempre secondo una ricerca svolta da vari studiosi fra cui Kraay, Gieseke, furono

---

17 COSTAMAGNA, SABBIONE 1990, p. 40.
18 PARRA 1991, p. 200.

coniati anche diaboli aurei che appaiono strettamente collegati con la monetazione di Alessandro il Molosso. L'affinità tra gli aurei Locresi e Siracusani ha indotto a pensare che la coniazione degli aurei sia iniziata nell'epoca in cui il Molosso aveva in mano il potere[19]. La monetazione bronzea fu invece molto importante per le informazioni che ci tramanda riguardo ai vari culti presenti all'interno della città di Locri[20]. È molto chiaro come la coniazione della moneta ha attribuito una grande importanza ad alcuni ceti sociali, come artigiani e commercianti. Alla nascita della democrazia, si pensa che sia collegata anche la costruzione del teatro; un luogo che non veniva usato solo per gli spettacoli ma anche per motivi civili. Locri tra il IV e i primi decenni del III secolo a.C. vive un momento di florida e splendida ricchezza. Si tratta di un periodo che non ha visto solo il maestoso sviluppo del centro abitato, ma anche quello delle zone periferiche; così come ci viene confermato da scavi effettuati presso la contrada di Centocamere. Allo stesso tempo i Locresi dovevano prestare la massima attenzione nei confronti dei Bretti che avanzavano da Nord. Ci sono anche molti episodi in cui i Locresi sono protagonisti di situazioni favorevoli, molti dei quali narrati dalla poetessa Nosside[21].

---

19 PARRA 1991, p. 201.
20 COSTAMAGNA, SABBIONE 1990, p. 40.
21 *Ibidem* p. 41.

1.5 Nosside

Nosside locrese è autrice di un libro di poesie, ogni poesia è formata da due distici. La tematica degli epigrammi di Nosside può apparire monocrome, ma Nosside si colloca non solo nella poesia nata in Magna Grecia e in modo particolare tra Ibido di Reggio e Leonida di Taranto; ma si inserisce anche nella lirica greca che va da Saffo ad Anite di Tegea[22]. È chiaro anche il modo in cui Nosside si ispirò in modo diretto a Saffo soprattutto per quanto riguarda la composizione di epigrammi brevi e concentrati, in cui esprimeva i sentimenti più sinceri così come Saffo era solito fare nelle odi[23]. Interessante è anche analizzare l'epigramma di apertura della raccolta, all'interno del quale ci offriva la descrizione di una vita tutta basata sul sentimento dell'amore. È possibile rintracciare anche altre somiglianze tra Nosside e Saffo. Saffo nell'ode *Anattoria* aveva messo al primo posto l'elemento del quale uno si innamora, citando anche il celebre episodio in cui Elena lascia tranquillamente i genitori, la figlia e un bravo marito per andare a Troia a raggiungere l'uomo che amava. Nosside segue lo stesso schema, pur non possedendo le caratteristiche della tecnica di Saffo metterà sempre al primo posto l'amore rispetto a tutti gli altri affetti che si possono provare durante tutta la vita[24]. Da qui si può facilmente dedurre come il pensiero saffico fosse

---

22 GIGANTE 1988, p. 552.
23 *Ibidem*.
24 *Ibidem*.

molto vivo in Nosside attraverso le immagini di cavalieri e fanti. Indagando bene altri aspetti culturali della vita locrese e magnogreca, si può anche comprendere come Nosside abbia messo sempre al primo posto l'amore, rispetto alle celebrazioni di vittorie di atleti o del sapere dei filosofi. Un'altra testimonianza che riguarda uno dei tanti epigrammi di Nosside, ci viene fornita dall'episodio in cui Odisseo dice ad Alcino re dei Fauci che nulla è più dolce della famiglia e della patria; quello che colpisce di più e soprattutto la modalità con cui Nosside recita il suo pensiero senza tralasciare la tradizione saffica.

"Nulla è più soave dell'amore, ma ogni altra delizia è seconda: anche il miele sputo dalla bocca. Questo dice Nosside chi non è amato da Cipride non sa quali rose siano quei fiori"[25].

Da notare che le rose oltre ad essere il fiore che per eccellenza veniva attribuito ad Afrodite, era anche considerato da Nosside come il fiore simbolo dell'amore e della sua poesia[26]. Il rifiuto per tutti gli aspetti della vita è sancito in modo particolare anche dal termine *miele*, che non deve considerarsi come una parola di moda; ma bensì deve essere considerato come un termine che appartiene ad una specifica sfera culturale, dato che il miele era considerato il cibo degli dei e in Pindaro era anche il simbolo di un canto maestoso e soave.

---

25 GIGANTE 1988, p. 552.
26 *Ibidem* p. 553.

Nosside si dedicò anche alla composizione di altre tipologie di epigrammi, come quello che fu composto per celebrare la vittoria dei Locresi sui Bretti molto probabilmente avvenuta nel 300 a.C.[27]. All'interno del componimento i veri protagonisti sono infatti le armi tolte ai Bretti, che mettono in evidenza la virtù dei Locresi e non rimpiangono i loro vecchi padroni. Alcuni studiosi hanno osservato anche come molto probabilmente nel canto di Nosside fosse presente la tradizione che interpretava il termine "Bretti" come "schiavi fuggitivi" o "traditori", motivi per i quali la vittoria dei Locresi viene vista come il rifiuto di tutto ciò che non apparteneva al mondo greco[28]. Nosside recitava:

"Battuti nella mischia dai Locresi che rapidi assalgono, i Bretti gettarono via, dagli òmeri di misero destino, gli scudi giacciono nei templi degli dèi: inno al valore dei locresi, non rimpianto delle braccia dei vili che abbandonarono"[29].

Un altro epigramma molto interessante è quello in cui si ritrova un tema tipico del mondo locrese, ovvero quello di ribadire con forza l'alta discendenza materna; l'appartenere ad una delle cento famiglie che prima della fondazione della colonia erano a capo della vita politica.

---

27 GIGANTE 1988, p. 553.
28 *Ibidem*.
29 *Ibidem*.

Infine, si può affermare tranquillamente come l'attività poetica di Nosside si basi interamente sulla scrittura di epigrammi, che mettono subito in evidenza il sentimento più bello, vero e autentico che ogni essere umano possa mai provare nella vita e allo stesso modo riesce a mettere in risalto anche la cultura e la mentalità tipica dell'ambiente Locrese e Magno Greco.

Non si hanno prove certe, ma si pensa che in questo periodo Locri Epiziferi abbia rinsaldato la sua alleanza con Siracusa e che forse Locri sia stata la base delle operazioni militari di Agatocle[30].

30 COSTAMAGNA, SABBIONE 1990, p. 40.

1.6 Locri in età repubblicana e imperiale

1.6.1 Locri in età repubblicana

Nel momento in cui il regno di Agatocle cade, Locri per respingere i Bretti è costretta a sottoporsi alla protezione di Roma. L'alleanza tra Locri Epizefiri e Roma è testimoniata da una moneta che fu coniata a Locri datata tra il 285 e 280 a.C. sulla quale è rappresentata PISTIS (la fedeltà) che incorona Roma. Di recente Burnett ha abbassato la datazione intorno al 255 a.C. dopo la venuta di Pirro, mentre Pozzi Paolini sostiene a pieno la datazione degli anni precedenti all'arrivo di Pirro. Successivamente Locri si schiererà contro Roma, stringendo alleanza con Pirro re dell'Epiro, sbarcato in Italia per dare aiuto a Taranto; dopo che Pirro tornò in Grecia tutte le città ritornarono sotto il dominio di Roma. Durante la Prima Guerra Punica (264 - 241 a.C.) Locri fu costretta a cedere a Roma molte navi, mentre nella Seconda Guerra Punica (218-201 a.C.), decise di ribellarsi proprio nel momento in cui i Romani subirono la grande sconfitta della "Battaglia di Canne"; dopo tale sconfitta infatti molte città passarono sotto il comando dei Cartaginesi. In un secondo momento nel 205 a.C. Roma riuscì a conquistare Locri, grazie al contributo di Scipione e all'aiuto del suo luogotenente Quinto Pleminio, che effettuò numerosi saccheggi e uccisioni di massa. In quest'occasione fu saccheggiato anche il Santuario di Persefone[31], i cui beni furono sconsacrati e altri furono restituiti ai Locresi dopo le numerose lamentele presentate al senato romano. Le vicissitudini accadute durante il III secolo a.C. hanno fortemente indebolito Locri Epizefiri, che fu travolta da una crisi così profonda dalla quale non si riprese. Una crisi così grave che per non fare crollare del tutto la popolazione della *polis* vennero accolti abitanti provenienti dalle zone centrali d'Italia. Successivamente alla Guerra Sociale del 89 a.C., Locri venne riorganizzata nella forma di *municipium*.

____

31 COSTAMAGNA, SABBIONE 1990, p. 40.

1.6.2 Locri in età imperiale

In età imperiale Locri non era più un centro grande e florido come in passato, era importante solo a livello locale, poiché era diminuita drasticamente sia la popolazione che l'espansione del centro abitato. In età imperiale presso Locri vennero costruite numerose ville, collocate al centro di ricche proprietà terriere; una prova concreta può essere costituita da due *villae* come il Naniglio di Gioiosa Jonica e i palazzi di Casignana[32]. Le vicende che portarono alla caduta dell'Impero d'Occidente sono costituite dai frequenti e numerosi attacchi subiti da popolazioni straniere come Visgoti e Vandali. Tutti questi elementi causarono una forte crisi sia a livello economico che a livello sociale, ma il crollo di Locri Epizefiri si ha soprattutto intorno all'VIII e il VII secolo a.C.[33]. Nel momento in cui sopraggiungono anche gravi problemi come quello della malaria (dovuto alla mancata regolamentazione dei corsi d'acqua) e le numerose incursioni arabe lungo la costa. La popolazione ormai considerava le coste un luogo insicuro dove vivere, così decisero di trasferirsi nell'altura dove nasce il paese di Gerace. Per tutto il Medioevo fino al Novecento Gerace è stata il centro politico, economico e sociale; mentre le coste ormai risultavano disabitate per il grande pericolo della malaria e la grande frequenza di incursioni straniere.

---

32 *Ibidem* p. 41.
33 COSTAMAGNA, SABBIONE 1990, p. 41.

1.7 La struttura della città

I coloni Locresi dopo il breve soggiorno presso Capo Zefirio decisero di trasferirsi a Locri, che mostra tutti gli elementi tipici della città coloniale greca. L'abitato di Locri Epizefiri si estendeva dalla fascia costiera fino alle colline per circa un chilometro, inoltre per realizzare una buona difesa della città si pensò di utilizzare anche la zona collinare. A questo proposito molto importante per le origini di Locri è la testimonianza riportata da Strabone, il quale afferma che il sito originario di Locri Epizefiri ingloba anche il colle *Esopis* forse da identificare con il colle Cusemi. Come tutte le colonie magnogreche anche Locri Epizefiri era affacciata sul mare, elemento che facilitava molto il commercio e gli scambi marittimi. Il territorio circostante a Locri offriva non solo risorse agricole e idriche, ma anche molti materiali di costruzione come l'arenaria chiara e tenera chiamata "*ammolis*"[34], ceppi granitici offerti dai fiumi, legno dei boschi d'Aspromonte e la pece che veniva usata soprattutto per catalafare le navi. L'area dove si estendeva tutta la città di Locri Epizefiri è compresa tra la fiumara di Gerace e quella di Portigliola, tra le due fiumare sono situate sia l'area urbana circondata dalla cinta muraria; sia le aree riservate alle necropoli, che si trovano soprattutto situate su depositi alluvionali. All'interno della cinta

---

34 COSTAMAGNA, SABBIONE 1990, p. 41.

muraria, partendo dall'*Antiquarium*[35], per tutta la zona costiera fino al monte sono situate le contrade Marasà, Centocamere, Stranghilò e le frazioni S. Cono, Petrara e Salletta che si estendono lungo la strada del Dromo. Il Dromo è il percorso che si allunga ai piedi delle colline lungo tutta la costa, in cima erano situate le contrade Pirettina e Perciante. Nella parte collinare della città invece sono collocate tre alture, separate tra loro dai valloni di Milligiri e Abbadessa-Saitta[36]:

- la prima altura è situata a Sud-Ovest e racchiude anche le alture di Stragò e Callivace e termina con la cima di Castellace.

- la seconda altura posta al centro tra i due valloni, racchiudeva le contrade Cusemi, Saitta e Abbadessa.

- la terza altura a Nord-Est racchiusa dalla parte esterna dal muro di vallone Polisà, comprendeva le contrade Caruso e Mannella. Nella pianura a Nord- Est si estendevano invece le contrade Parapezza e Lucifero.

---

35 Antiquarium: museo di Locri.
36 COSTAMAGNA, SABBIONE 1990, p. 45.

Capitolo 2

La struttura di Locri

2.1 Le Mura

Molti eruditi nel corso del Cinquecento e del Seicento si occuparono di Locri nelle loro opere, come Leandro Alberti nel 1550 all'interno di *Descrittione di tutta Italia,* Marafioti nel 1601 con *Croniche et Antiquitate di Calabria,* ma non riuscirono mai a comprendere veramente dove sorgesse il sito di Locri, si limitarono solo a formulare varie ipotesi.

Una localizzazione certa del sito di Locri fu effettuata solo dal conte polacco Francesco Bilinski, in alcune riflessioni contenute nel diario di un suo viaggio che svolse in Calabria nel 1790-1791.

All'interno del diario è presente anche una carta topografica di Locri, molto semplice ma ricca di elementi importanti riguardo anche la collocazione di numerosi reperti antichi.

La topografia di Locri è stata abbozzata in modo sufficientemente chiaro, nelle sue linee principali. La città si mostra come un grande quadrilatero che si estende sul mare per una lunghezza di metri 850 e si protende verso l'interno per circa chilometri 2,5 in modo particolare fino ai tre colli di Mannella, Abbadessa e Castellace[37].

Come tutte le *poleis* anche Locri Epizefiri era dotata di una cinta muraria continua non del tutto visibile; concetto che può essere ricollegato ad un pensiero di origine greca il quale fulcro era costituito dalla differenza tra "dentro" e "fuori", (ovviamente riferito alla *polis*)[38]. All'impegno di un archeologo illustre come Paolo Orsi, va collegata anche la ricostruzione del tracciato delle mura con la sua estensione di circa km 7,5[39], che fanno di Locri Epizefiri una delle *poleis* più grandi della Magna Grecia. Le ricerche che sono state condotte in modo molto attento, confermano che nella seconda metà del VI secolo a.C. nella area pianeggiante della città fu iniziata la costruzione di una cinta muraria, formata da blocchi squadrati di arenaria molto morbida, l'unica pietra di taglio che esisteva nella Locride; in alcuni tratti la cinta muraria doveva essere realizzata anche in crudo attraverso quella che è una tecnica molto diffusa già dall'età arcaica ma soprattutto a partire dal IV secolo a.C.[40]. Infine, la cinta muraria trasmette l'impressione di essere quasi un grande perimetro sacrale e quindi di non obbedire a degli scopi di tipo difensivo. È impossibile stabilire il percorso originario delle mura, con certezza si può invece dedurre che all'interno delle mura è possibile

---

37 FOTI 1977, p. 346.
38 COSTAMAGNA, SABBIONE 1990, p. 49.
39 PARRA 2002, p. 227.
40 BARRA BAGNASCO 1984, p. 22.

rintracciare varie fasi di costruzione che si ripetono fino al III secolo a.C.[41]. Concezione che viene confermata in modo particolare dalle costruzioni delle torri: come ad esempio le grandi torri a pianta rettangolare (ricordiamo torre Castellace, torre Marzano) o di quelle a pianta ellittica ritrovate durante la campagna di scavi condotta da De Franciscis negli anni 50 presso la contrada Marasà-Parapezza (dato che la torre Parapezza possedeva anche la funzione di protezione della porta del Santuario Marasà)[42]. Infatti, tali torrioni confermano la tesi iniziale appaiono accavallate o appoggiati su strati di muro rettilineo databile in una fase più antica. Si sa con certezza che i torrioni siano stati costruiti in età ellenistica, intorno al IV-III secolo a.C., ma non è possibile sapere con altrettanta sicurezza se siano state costruite nello stesso periodo di tempo, o in fasi successive[43]. Nella parte pianeggiante della città, le mura si sviluppano attraverso tre grandi tratti rettilinei: dal Dromo verso il mare, a Nord-Est affiancano l'antico corso del vallone Saitta, a Sud-Ovest invece si estendevano lungo l'attuale strada statale che porta a Portigliola. La cinta muraria è parallela al tratto di costa tanto da formare quasi un angolo retto con i settori precedenti. Alla cima di Castellace era collocato un torrione rettangolare che dominava su tutta la vallata del fiume di Portigliola, su tutta l'area urbana e la

---

41 *Ibidem.*
42 FOTI 1977, p. 346.
43 COSTAMAGNA, SABBIONE 1990, p. 49

costa di Capo Zefirio fino a Roccella Jonica[44]; si trattava di una fortificazione molto possente, realizzata in due fasi di costruzione sovrapposte delle quali è molto difficile rintracciare la cronologia esatta, comunque si presenta come una delle fortificazioni più definite insieme a quella di Abadessa, Mannella e casa Marzano situata sullo stesso colle[45]. Le mura riscendevano anche nel vallone Milligiri, salivano sulla collina di Abadessa, per poi discendere infondo al vallone Saitta-Abadessa, dove è stato rintracciato un insieme di gruppi di muraglie identificate da Paolo Orsi, che avevano la funzione di delimitare il letto del fiume e di fare da sostegno alla terrazza lungo le pendici occidentali della Mannella[46]. Alla cima del colle Mannella era collocata una torre a pianta rotonda e le mura apparivano maggiormente fortificate, a circa metri 100 di distanza, più in basso e ad Est si trovava collocato anche un grande torrione rettangolare, miracolosamente conservato molto bene, noto come torre Marzano dal nome del proprietario della casa colonica di cui fa parte la torre[47]. La cinta muraria proseguiva poi lungo le alture più alte di Mannella e Caruso, verso il vallone Polisà (dove si trova un tratto di mura ancora ben conservato e ben visibile), per poi discendere lungo la strada del Dromo. Il tracciato delle mura è stato individuato con una grande sicurezza e precisione ma ancora oggi è impossibile

---

44 *Ibidem.*
45 FOTI 1977, p. 348.
46 BARRA BAGNASCO 1984, p. 22.
47 COSTAMAGNA, SABBIONE 1990, p. 49.

individuare l'autentico e originario "percorso delle mura" e ancor
più difficile è rintracciare numerosi tratti di mura ben custodite. È
molto interessante dare uno sguardo alla zona compresa all'interno
delle mura perché si possono ricavare delle informazioni
particolari e si possono mettere in evidenza due aree differenti, la
prima è profonda circa 1 km, ed è compresa tra il mare e la strada
del Dromo; la seconda va da dietro il Dromo fino ai tre colli, e si
adatta alla struttura delle colline, fino ad arrivare a metri 150 con il
colle Castellace[48]. Si può notare anche come le fortificazioni
risentano della differente natura del terreno: nell'area pianeggiante
le mura hanno una disposizione rettilinea con angoli a 90 gradi
poiché non incontrano alcun tipo di ostacolo. Importante è notare
anche la somiglianza della pianta delle mura locresi con quella di
Paestum, soprattutto come forma, data la natura pianeggiante del
terreno dell'aria Orientale[49]. Alle spalle del Dromo, le
fortificazioni si presentano con un tracciato irregolare fortemente
osteggiato dalla conformazione del terreno. All'interno delle mura
ovviamente erano collocate delle porte, fino ad oggi però ne sono
state individuate poche, una porta era collocata nei pressi della
strada del Dromo, un'altra presso il santuario Marasà (che dava
accesso anche alle necropoli di Parapezza e Lucifero), un'altra è
stata individuata nello scavo di Centocamere situata verso il mare,
quest'ultima è una porta che fu collocata su un propileo

---

48 BARRA BAGNASCO 1984, p. 23.
49 *Ibidem.*

monumentale solo nel VI secolo a.C. Si ipotizza anche l'esistenza di varie porte lungo il Dromo verso Nord-Est e Sud-Est e si pensa che esistessero anche molte altre porte rivolte verso il mare[50] . La campagna di scavi condotta da De Franciscis negli anni 50 presso la contrada Marasà-Parapezza ci fornisce molte informazioni al riguardo (ricordiamo anche che la torre Parapezza possedeva la funzione di protezione della porta del Santuario Marasà)[51]. È possibile rintracciare un legame nel rafforzamento delle mura avvenuto intorno al IV-III secolo a.C., anche con le attività di *pyrgopoiia* (cioè le costruzioni delle torri), che appaiono documentate per 36 anni nelle tabelle dell'Archivio di Zeus Olimpio. È utile anche precisare che in alcuni luoghi come Marasà e Centocamere, l'anatomia delle mura arcaiche è conservata sotto le fasi di costruzione ellenistica.

A Centocamere il muro si presenta parallelo alla linea del mare, costruito sicuramente intorno al VI secolo a.C. Anche qui la particolare struttura ci fa capire come il muro non avesse sicuramente una funzione difensiva, dato che forma quasi un doppio angolo con un edificio antico la "*Stoà* a U"; collocata fuori dalla città ad una distanza molto vicina alle mura. Si può comprendere come in questo tratto la cinta muraria avesse solo la funzione di delimitare l'area urbana, lasciando fuori un edificio dedicato al culto di Afrodite e secondo analisi condotte di recente,

50 COSTAMAGNA, SABBIONE 1990, p. 51.
51 FOTI 1977, p. 346.

aveva anche la funzione di lasciare fuori forme rituali di radice straniera, come ad esempio la prostituzione sacra vista come un elemento estraneo ai culti tipici della *polis*. Quindi si può pensare e ipotizzare che l'impianto delle mura e la struttura urbana, siano nate dallo stesso unico e identico programma. Ancora oggi non si conosce però l'origine, il ruolo e la fase di costruzione della cinta muraria che si sviluppa dall'angolo orientale delle cinta muraria e dall'edificio dell'*Antiquarium* per progredire verso mare e possibile dedurre che questa struttura insieme ad un'altra collocata nell'attuale strada di Centocamere ancora ben conservata ai tempi di Paolo Orsi, avesse la funzione di proteggere un segmento di costa dove oggi è possibile vedere una grande depressione che forse altro non era che un bacino interno usato per l'attracco delle navi[52].

Interessante è segnalare le uniche due campagne di scavo riservate alla cinta muraria. La campagna di scavo molto attenta condotta nella contrada di Centocamere e gli scavi effettuati nel 1976 presso contrada Marasà[53]. La prima, comprende gli scavi eseguiti lungo il tratto di mura quasi parallelo alla costa che hanno messo in evidenza tre fasi costruttive: la prima fase è databile al VI secolo a.C., la seconda al V a.C., la terza al IV a.C., considerando i periodi di vita che sono stati rintracciati in zona. Soprattutto è importante ricordare che il muro ad una distanza di 75 metri

---

52 COSTAMAGNA, SABBIONE, 1990, p. 52.
53 BARRA BAGNASCO 1984, p. 24.

presenta due varchi a cui corrispondono piccole strade che collegavano la città alle zone esterne. La campagna di scavo condotta da Sabbione in contrada Marasà- Parapezza invece ha messo in luce al di sotto delle mura di età ellenistica strutture di cinta muraria che appartengono al VI secolo a.C.[54].

---

54 *Ibidem.*

2.2 La struttura urbana e le strade

2.2.1 La struttura urbana

Fin dai tempi più antichi un ruolo importante fu riservato all'organizzazione dello spazio urbano. La Magna Grecia in modo particolare fornisce molti esempi, data la tendenza fin dall'età ellenistica di adottare e realizzare all'interno della *polis* impianti urbanistici regolari e pianificati. In molti ipotizzavano che questa costruzione di impianti, derivasse da sistemi che si applicavano nella madrepatria, però in realtà tale ipotesi era sbagliata. Nel periodo in cui i coloni iniziarono a partire per l'Occidente solo un numero minore di città risultava strutturato in questo modo, mentre molteplici centri urbani (tra cui ne possiamo ricordare alcuni di grande dimensione come Corinto e Atene) si formavano tramite l'unione di vari villaggi e vari sezioni abitative[55]. Inoltre, come è stato messo in evidenza non era facile realizzare un disegno urbanistico di tipo geometrico in città dove già da tempo erano stati fissati rapporti di proprietà terriera non modificabili. Paolo Orsi non aveva trascurato il problema, aveva svolto varie ricerche per arrivare a localizzare il centro abitato riuscendo a rinvenire alcuni resti di case nelle contrade Monaci e Cusemi[56]. L'Arias proseguì la ricerca precedentemente iniziata, affermando che questi resti non erano più visibili nel 1941. L'Arias ha anche

---

55 COSTAMAGNA, SABBIONE 1990, p. 54.
56 BARRA BAGNASCO 1984, p. 25.

effettuato una scoperta molto importante sul piano Caruso, a monte del Dromo di alcune abitazioni con fornaci. Un'altra testimonianza molto importante è data dalla ricerca effettuata dalla Scuola Archeologica di Roma che ha riportato alla luce negli anni 1950-1956 un'altra parte di abitato[57]. Le varie ipotesi che negli anni sono state avanzate sulla struttura urbana di Locri si basano esclusivamente su queste ricerche, inoltre è stato identificato nella vasta area pianeggiante che va dal Dromo al mare un impianto regolare basato su una maglia di strade ortogonali risalente alla seconda meta del VI secolo a.C.

La prima cosa da fare per realizzare una spartizione regolare era quella di suddividere il terreno in varie parti, da consegnare alle famiglie dei coloni, affinché potessero costruire le loro abitazioni. Ad ogni famiglia veniva assegnata anche un'area di terreno agricolo vicino alla *polis* per adempire ai bisogni di prima necessità. La via di realizzazione più facile era la seguente: dividere il terreno in lotti regolari, ricavati attraverso l'incrocio di linee parallele e perpendicolari fra loro equidistanti[58]; nelle linee di separazione dei lotti erano collocati i solchi per l'approvvigionamento delle acque che assumono anche la funzione di strade. Da precisare che tali concetti innovatori fino a poco tempo fa, insieme al pensiero di una città concepita secondo assi ortogonali venivano collegati agli insegnamenti di Ippodamo

---

57 BARRA BAGNASCO 1984, p. 25.
58 COSTAMAGNA, SABBIONE 1990, p. 55.

di Mileto, a cui le fonti collegano l'impianto di Mileto stesso, del Pireo e di Thuri[59]. Numerose campagne di esplorazione condotte negli ultimi anni hanno messo in evidenza che in molte città della Grecia d'Occidente sono presenti una serie di impianti di Ippodamo, ma realizzati in momenti precedenti; dato che l'attività di Ippodamo è da collocarsi tra il 479 e 444-443 a.C., dopo la distruzione di Mileto e la nascita della nuova città. Si può chiaramente affermare che in realtà Ippodamo come è stato scoperto da molti studi condotti, non è l'inventore dell'urbanistica ad assi ortogonali che ha la sua origine in età anteriore, ma è il codificatore e il teorizzatore di esperienze precedenti che finalizza ad un concetto di zonizzazione appoggiata all'intrecciarsi di forme geometriche della regolarità stessa dell'impianto[60]. Attraverso un'attenta analisi condotta, infatti si è arrivati alla scoperta che si tratta di una tecnica antichissima tipica delle civiltà del Medioriente, che solo successivamente fu tramandata ai Greci e poi applicata anche nel mondo e nella società coloniale[61]. L'impianto di Locri nato come risulta dalle ricerche, da un progetto organico del VI secolo a.C. è insieme a quello di Metaponto uno degli esempi più antichi dell'applicazione di concezione urbanistica[62]. Si può tenere anche in considerazione il pensiero di Martin riguardo all'impianto ortogonale della città che

---

59 BARRA BAGNASCO 1984, p. 29.
60 *Ibidem*.
61 BARRA BAGNASCO 1984, p. 28.
62 *Ibidem*.

sosteneva chiaramente come l'orientamento non fosse legato a punti cardinali né a motivi sacri, ma è basato soprattutto e *in primis* su motivi di ordine pratico e topografico, ed è quindi la stessa natura del terreno che detta la miglior disposizione di strade e isolati[63].

---

63 BARRA BAGNASCO 1984, p. 31.

2.2.2 Le strade

All'interno della struttura urbana si trovava collocato un reticolo stradale costituito da varie strade piccole definite *stenopoi*, si tratta di strade di dimensione molto piccola e molto ravvicinate tra loro, collocate da monte verso valle per facilitare lo scorrere delle acque[64]; risultavano anche interrotte da un numero minore di strade larghe, le quali venivano tracciate più frequentemente dei *stenopoi*, che formavano porzioni rettangolari di forma allungata. Il limite degli isolati in senso Est-Ovest sicuramente era determinato da una serie di *stenopoi e plateiai*, dato che ancora oggi tutta l'area non è stata sottoposta a delle ricerche archeologiche non si conosce bene la misura della larghezza. Locri Epizefiri aveva le caratteristiche più adatte per la realizzazione di tale disegno di struttura urbana, data anche la grande area pianeggiante che si estendeva dai piedi delle colline fino al mare; l'impianto strutturale fu organizzato tramite un'unità di misura che sembra corrispondere a un piede ionico di circa cm. 29,4. Molte notizie al riguardo di tale struttura urbana, ci sono pervenute tramite lo scavo che è stato condotto nella contrada Centocamere, dove è stato rinvenuto un tratto molto esteso di *plateia* larga circa cm. 14, che procede e si estende parallela alla costa per proseguire nell'area del santuario Marasà, fino ad arrivare nella porta delle mura urbiche situata nella vicinanza del santuario. Dalla *plateia*

---

64 COSTAMAGNA, SABBIONE 1990, p. 55.

sono situate verso monte molti *stenopoi* dalla misura compresa tra metri 4 e 4,50[65], secondo una misura che in media è riscontrabile in tutte le città di età classica e in molti centri della Grecia d'Occidente che delimitavano isolati di larghezza compresa tra metri 27,50 e 28. Ovviamente le dimensioni di isolati e *stenopoi* non sono tutti uguali, vi sono molte variazioni dovute a errori di imprecisione. È molto utile notare anche come la misura riguardo alla regolarità dell'impianto si mantenga costante nella dimensione media di metri 31,6 che corrispondeva all'antica misura di 110 piedi ionici, che si può notare se si osservano molto attentamente la posizione delle varie parti e i suoi rispettivi *stenopoi*[66]. Quindi con una certa sicurezza si può confermare che originariamente la suddivisione comprendesse isolati larghi 100 piedi e *stenopoi* larghi 10 piedi. Incerta appare ancora oggi nonostante i molti studi che sono stati condotti, la larghezza degli isolati. Le molte campagne di scavo che sono state condotte nel 1976 nei pressi del muro perimetrale a Est dell'isolato hanno messo in luce uno *stenopos* parallelo alla *plateia* largo metri 2,56[67]; tali informazioni però non sono sufficienti a far capire se si trattasse del limite verso monte dell'isolato e se quindi la censura corrispondesse ad un *stenopos* di piccole dimensioni. Si potrebbe fare un possibile confronto anche con Crotone dove la larghezza degli isolati risulta essere di circa metri 300 e con Metaponto dove in alcuni punti

---

65 BARRA BAGNASCO 1984, p. 32.
66 COSTAMAGNA, SABBIONE 1990, p. 55.
67 *Ibidem.*

l'impianto risulta superare metri 330. Con una certa sicurezza si può affermare che nella contrada Centocamare lo spazio compreso tra la *plateia* e le mura non era destinato ad essere oggetto di costruzione, infatti risulta urbanizzato solo successivamente. Da ricerche condotte è stato rilevato che non sono stati applicati i criteri regolari d'impianto, così si è avuta la nascita di isolati più piccoli di molteplice forma, attraversate da strade non ortogonali e non rettilinee alla *plateia*. Con sicurezza molti studiosi hanno rilevato che l'impianto regolare si estendesse dalla cima della *plateia* fino all'estremità delle colline. Oggetto particolare di molti studiosi è stato uno degli *stenopoi* di Centocamere sottoposto ad una campagna di scavo lunga circa metri 300 in direzione dei monti, mentre altri scavi effettuati in contrada S. Cono hanno portato alla luce strutture con la stessa direzione[68]. Molti scavi sono stati effettuati anche nell'area del teatro, dove sono stati rinvenuti uno *stenopos* e una parte di due isolati che presentano la stessa direzione e la stessa grandezza di quelli di Centocamere. Gli studi approfonditi confermano che l'impianto regolare era esteso a tutta la parte pianeggiante della città[69]. Un' informazione molto importante è costituita dal momento di ideazione e realizzazione dell'impianto urbanistico, poiché nella campagna di scavi che è stata condotta nella contrada Centocamere risulta che i battuti stradali più antichi (formate soprattutto da ghiaia, frammenti

---

68 COSTAMAGNA, SABBIONE 1990, p. 56.
69 *Ibidem.*

ceramici e materiale sabbioso) possono essere datati negli anni centrali del VI secolo a.C.[70]. È utile precisare che la contrada Centocamere era un settore periferico della *polis*, in cui si ipotizza che la collocazione delle strade sia avvenuta in un momento secondario di quello della creazione del sistema urbano, infatti si suppone che la suddivisione dello spazio all'interno della *polis* che è frutto anche dell'attestarsi dell'insediamento potrebbe risalire all'epoca postuma all'arrivo dei coloni locresi. Il disegno urbano progettato e poi realizzato obbedisce a delle specifiche esigenze ovvero sicuramente rispettare la pendenza del terreno da monte verso mare, anche se risulta che alcune grandi costruzioni della *polis* non furono influenzate da tale elemento. All'interno del santuario di Marasà è possibile osservare come fin dall'epoca alto arcaica (quindi un periodo di tempo compreso tra la fine del VII secolo e prima metà del VI secolo a.C.) fu applicato nella costruzione dei tempi un orientamento nettamente differente da quello che generalmente veniva applicato per la costruzione degli altari[71]. Si suppone che strati collinari molti grandi indubbiamente hanno ospitato molti centri abitati (ad esempio come le contrade Caruso e Cusemi), teoria pienamente confermata dagli scavi condotti in diversi periodi durante i quali sono stati rinvenuti pozzi d'acqua fornaci e abitazioni). Molti aspetti sull'abitato si possono rintracciare presso Centocamere, luogo dove sono state effettuate

---

70 BARRA BAGNASCO 1984, p. 34.
71 COSTAMAGNA, SABBIONE 1990, p. 57.

molteplici ricerche in modo molto approfondito anche in tempi recenti; tramite tali scavi infatti si è scoperto come le strade non avessero una pavimentazione o un fondo lastricato. Il tessuto stradale generalmente era formato da cumoli di ghiaia e di sabbia, insieme a frammenti ceramici che in caso di pioggia trattenevano e assorbivano l'acqua per evitare la formazione di fanghiglia. La formazione così particolare delle strade richiedeva una continua manutenzione, di solito si procedeva con l'ammasso di nuovo materiale che faceva aumentare il livello del manto stradale; mentre la posizione dei muri di confine che delimitavano le strade rimaneva sempre la stessa[72]. Importante è anche ricordare come per oltre quattro secoli tutti gli edifici vennero restaurati o in parte modernizzati e ricostruiti, tenendo sempre conto degli spazi pubblici e delle strade. Quindi, considerando l'insieme degli elementi che sono stati presi in considerazione fin qui, ai Locresi va riconosciuto un grande merito perché non solo sono stati capaci di pianificare in modo razionale e ben preciso lo spazio urbano, ma sono stati anche idonei di mantenere tale struttura intatta per secoli. Inoltre, il metodo veramente ottimale attraverso cui è stato gestito il disegno urbanistico di Locri Epizefiri conferisce anche un grande merito alla comunità amministrativa e civile dell'antica *polis*.

---

72 BARRA BAGNASCO 1984, p. 34.

2.2.3 Le aree private

Nella Magna Grecia la raffinatezza e la ricchezza delle costruzioni pubbliche non trovava riflesso in quelle private che nella maggior parte dei casi dovevano essere umili[73].

Gli edifici privati di solito risultavano costruiti da muri formati da mattoni crudi che venivano seccati al sole invece di essere cotti nella fornace; fin dalle epoche più antiche il mattone crudo appare impiegato soprattutto nelle civiltà del Medio Oriente e del Mediterraneo, dove risulta essere usato non solo per edifici privati ma anche per strutture più prestigiose come palazzi e santuari; inoltre la fabbricazione dei mattoni crudi era facilmente realizzabile a Locri Epizefiri, poiché i dintorni erano molto ricchi di argilla, tali mattoni di solito venivano impastati con l'aggiunta di paglia e ulteriore sabbia se non ne contenevano già abbastanza[74]. Successivamente il mattone veniva esposto ad un lungo procedimento di asciugatura facilitato anche dalla presenza di fili di paglia che assorbivano l'umidità interna[75]. Infine, il mattone crudo è un buon materiale da costruzione, deve solo essere protetto dall'umidità e quindi inserito su una sorta di soppalco in modo che impedisca all'umidità di salire in superfice e necessitava anche di un rivestimento esterno. Il tetto invece, era di

---

73 BARRA BAGNASCO 1984, p. 43.
74 COSTAMAGNA, SABBIONE 1990, p. 60.
75 *Ibidem.*

solito costituito da laterizi cotti (come tegole) che dovevano resistere alle varie condizioni metereologiche.

2.3 Spazi ed edifici pubblici

Il centro più importante di ogni *polis* greca era costituito dall'*agora*, cioè una grande piazza che veniva usata per molteplici occasioni di tipo economico politico e sociale, di solito l'*agora* era anche la sede che ospitava i vari mercati quotidiani dove si potevano trovare prodotti artigianali, gli agrumi che provenivano dalle campagne circostanti e le mercanzie preziose e rare provenienti dall'Oriente. Generalmente intorno all'*agora* erano edificati i palazzi delle più importanti magistrature, si trovava collocato anche il *prytaneion* cioè la dimora dei pritani e il *bouleuterion* dimora del Consiglio-Boul[76]. L'*agora* ospitava anche i principali monumenti commemorativi e celebrativi collegati alle vicende più importanti della *polis*, molte volte erano presenti anche altari e templi che avevano un particolare collegamento con le funzioni politiche. L'*agora* era anche la sede che ospitava spettacoli, feste e il luogo d'incontro di uomini d'affari. Riguardo all'*agora* di Locri vi sono ancora molti problemi aperti, non abbiamo informazioni certe poiché l'unica area sottoposta ad attenti scavi fu contrada Centocamere una zona periferica come è già stato affermato, mentre di solito l'*agora* si trovava collocata in una posizione più centrale come dimostrano i centri più noti come quelli di Metaponto, Megara e Hyblaea. Per ora l'unica area libera che è stata identificata si trova immediatamente a Sud delle mura,

---

76 COSTAMAGNA, SABBIONE 1990, p. 62.

ad Ovest della *Stoà a U*, collegata al propileo monumentale da una strada ortogonale[77]. Molte volte è stato proposto di identificare proprio a Sud delle mura la possibile localizzazione dell'*agora* emporica, una zona di mercato collegata al porto. È interessante notare anche come l'area a Sud delle mura venga abbandonata all'inizio del III secolo a.C. quando il propileo venne chiuso per via delle ristrutturazioni delle mura[78]. Per quanto riguarda l'*agora* e in particolare alla sua collocazione, è importante ricordare come tutte le aree pubbliche fin ora scoperte, dalle aree sacre di età arcaica al teatro di età ellenistica, siano disposte lungo una linea monte-mare quasi tangente al braccio est delle mura[79]. Un asse preferenziale per gli edifici pubblici, lungo il quale si può anche ipotizzare la collocazione dell'*agora*. Molto probabilmente l'*agora* non si trovava collocata molto vicina al teatro, come è stato proposto; ma piuttosto nello spazio pianeggiante compreso tra l'area di Marasà e la strada del Dromo. Riguardo all'estensione dell'*agora* si può ipotizzare che avesse una superfice multipla degli isolati, identificando nell'isolato il modulo base dell'impianto urbano[80]. Molte considerazioni affermano che l'*agora* di Locri Epizefiri fosse il luogo dove sorgevano palazzi e strutture molto importanti per la vita della *polis*, ma ancora oggi non è stato possibile individuare con sicurezza dove sorgesse

---

77 BARRA BAGNASCO 1984, p. 42.
78 *Ibidem.*
79 BARRA BAGNASCO 1984, p. 43.
80 *Ibidem.*

l'*agora*, sicuramente si trovava nel centro dell'area urbana, vicino al Dromo o alla fine delle colline adiacenti. Infine, se oggi è ancora difficile individuare dove era situata veramente l'*agora* è principalmente per due motivi, sia per le intense coltivazioni che si estendono in quelle determinate zone, sia per la costruzione di edifici moderni[81]. Il più grande edificio pubblico che fu rinvenuto a Locri Epizefiri grazie all'attività dell'Arias, con scopi non sacrali è il teatro situato in contrada Pirettina, alle pendici del monte Cusemi e sotto il santuario di casa Marafioti. Si tratta di una costruzione realizzata in età ellenistica, nella tipica arenaria locale definita <<*mollis*>>, su cui si sovrappongono almeno due rifacimenti di età romana. Il teatro doveva avere una cavea costituita da sette cunei a cui si accedeva da gradinate molto strette, con una capienza di circa 4500 spettatori[82]. Il teatro a livello scientifico risulta ancora poco noto, in base alle ricerche condotte su materiali provenienti dallo scavo effettuato in quell'area, si può supporre che l'epoca del suo primo impianto sia da collocarsi nella prima metà del IV secolo a.C.[83]. All'interno del teatro sono state rinvenute un insieme di antefisse sileniche che sono datate nello stesso periodo, se tali antefisse appartenessero veramente al teatro sarebbero i più antichi elementi connessi all'edificio. Sono stati rivenuti anche due blocchi con iscrizioni e vari resti di cornice a dentelli, la loro datazione si colloca nel III

81 COSTAMAGNA, SABBIONE 1990, p. 62.
82 BARRA BAGNASCO 1984, p. 41.
83 COSTAMAGNA, SABBIONE 1990, p. 251.

secolo a.C. Proprio la mancanza di dati certi sul teatro ha spinto la Soprintendenza Archeologica ad effettuare campagne di scavo nell'area del teatro che però non hanno dato i risultati sperati, dato che sotto l'orchestra e la cavea gli studiosi hanno rintracciato il terreno vergine, non ricavando quindi nessun dato nuovo riguardo agli edifici di età greca. L'unico dato cronologico sicuro è collegato al rifacimento del muro che regge la cavea, databile nella prima metà del II secolo d.C., si può identificare anche una sorta di collegamento tra il santuario di casa Marafioti costruito nella prima metà del VI secolo a.C. e il teatro che sembra sia stato costruito nel IV secolo a.C., un altro legame si può individuare anche nelle caratteristiche comuni di entrambi i terreni dove sorgono gli edifici. Negli anni sono state formulate molte ipotesi, ad esempio che il teatro venisse usato anche per eventi di tipo politico. Non confermata appare l'ipotesi che sosteneva come il teatro fosse attaccato all'*agora*, poiché nei numerosi scavi compiuti vicino al teatro sono stati rilevati edifici privati che si estendono regolarmente lungo i *stenopos* del disegno urbano. Interessante è sottolineare come il teatro si collochi vicino ad un importante area sacra, cioè all'archivio costituito dalla teca di Pirettina poco distante dal Dromo, sorprende anche la sua vicinanza a quell'asse viario dove giungeva l'impianto regolare del VI secolo a.C. che fa supporre un legame di questa zona con la città bassa.

2.4 Le necropoli

A Locri Epizefiri come in tutte le altre *poleis* greche fu effettuata una netta divisione tra l'area della "città dei vivi", dedita alle attività economiche politiche, sociali e l'area della "città dei morti" ovvero lo spazio dedicato alle sepolture[84]; dato che non era consentito seppellire all'interno delle mura, le necropoli erano situate al di fuori della cinta muraria in spazi però strettamente collegati alla *polis.* Anche in questo settore Paolo Orsi ha condotto molti scavi che ci tramandano informazioni preziose, Orsi ha localizzato diverse aree sepolcrali utilizzate in momenti diversi e poste ad una distanza diversa dalla cinta muraria: a Est, Sud e Ovest[85]. Le fonti affermano che fin dal 700 a.C. le contrade Parapezza e Lucifero situate a Nord-Est dell'area urbana iniziarono ad essere usate per ospitare le necropoli, dove le sepolture saranno documentate fino all'età ellenistica[86]. Un'altra area dedita alle sepolture è contrada Monaci, a monte del Dromo dove sono state localizzate tombe di età arcaica al di sopra delle quali sono state sovrapposte tombe di età ellenistica. Per varie coincidenze ancora oggi non si conosce l'estensione e la grandezza di questa necropoli, poichè non fu mai sottoposta a ricerca, tuttavia molto interessante appare la presenza di materiale

---

84 COSTAMAGNA, SABBIONE 1990, p. 46.
85 BARRA BAGNASCO 1984, p. 55
86 PARRA 2002, p. 234.

databile al VII secolo a.C., cioè al tempo dei primi coloni[87]. In modo particolare la collocazione delle tombe alle prime pendici della collina fece scatenare in Orsi l'ipotesi della loro ubicazione nella zona del primo stanziamento Locrese. La maggior parte delle tombe si collocano lungo le strade che escono dalla città e si rivolgono verso la *chora* lungo la strada del Dromo, più precisamente nella frazione Faraone è stato rivenuto una parte di *naiskos* funerario ellenistico, unico modello funebre che si trova esposto presso l'*Antiquarium* di Locri. La necropoli meglio conosciuta è quella di contrada Lucifero, situata a circa 300 metri dalla costa, distante circa 600 metri della città. Qui Paolo Orsi ha portato alla luce 2000 tombe, molte delle quali prive di corredo, che si possono collocare su un asse cronologico che va dal VI al III secolo a.C[88]. Quello che risulta più interessante è la collocazione della necropoli in un'area lontana dalla città, che sembrava separata dal vallone Lucifero. Da notare anche la distribuzione dei terreni destinati alle necropoli, il vallone non era visto come un elemento di cesura tra la città dei vivi e la città dei morti, infatti dalle ricerche effettuate anche il terreno verso Ovest che si estende in direzione della città fino a Parapezza risultava ospitare tombe. Proprio presso la contrada Parapezza sono stati rinvenuti nel 1979 numerose tombe, simili a quelle scoperte dall'Orsi che appartengono a due momenti diversi l'eta arcaica e

---

87 BARRA BAGNASCO 1984, p. 55.
88 BARRA BAGNASCO 1984, p. 55.

l'età ellenistica[89]. L'esplorazione della contrada Parapezza si è rivelata molto importante soprattutto per due aspetti fondamentali: in primo luogo si è potuto accertare la sicura estensione della necropoli collocata lungo la costa che sicuramente fu una delle più importanti del periodo, in secondo luogo fornisce numerosi dati riguardo al profilo cronologico dell'occupazione delle necropoli[90]. La necropoli di Parapezza è la prima ad essere stata usata in età arcaica e poi provvisoriamente abbandonata, in modo particolare le tombe si trovavano situate nella zona ad Est del vallone Lucifero. Un altro elemento particolare è l'importanza che l'asse viario ha nello sviluppo di una grande necropoli, si possono infatti citare numerosi esempi tra cui Camarina e Megara Iblea; ma anche Locri può costituire un vero e proprio modello[91]. In contrada Stefanelli di Gerace, sono state rinvenute e analizzate una quindicina di tombe a groticella di età protostorica; tali tombe si trovavano distribuite lungo una strada scavata nella roccia che aveva la duplice funzione di dare accesso sia alle necropoli che all'abitato indigeno[92]. È stato anche attentamente notato come la mancanza di una buona pietra da taglio, condizionò in modo non indifferente tutte le costruzioni locresi perfino le necropoli. È stata evidenziata anche la mancanza di segnacoli in pietra, frequenti invece in zone dove la pietra abbonda come a Siracusa e Megara

---

89 *Ibidem.*
90 BARRA BAGNASCO 1984, p. 56.
91 *Ibidem.*
92 PARRA 2002, p. 234.

Iblea. È stato osservato anche come le tombe scavate nella sabbia sono molto spesso rivestite o almeno coperte con tegole disposte in modo piatto oppure alla cappuccina o ancora anche con grandi tegole curve che formano un arco di 180 gradi[93]. L'archeologa Barra Bagnasco ha messo in evidenza come sarebbe interessante stabilire le motivazioni che spingevano i coloni ad usare una necropoli piuttosto che un'altra. Forse ancora oggi la spiegazione più logica è quella proposta da Paolo Orsi, recentemente rivalutata; di un'utilizzazione delle aree funerarie in connessione con la posizione dei vari quartieri. Le poche notizie che si hanno a disposizione riguardo all'impianto arcaico, rendono difficili stabilire il collegamento con le tre aeree delle necropoli identificate. Numerosi sono anche le necropoli di età romana delle quali rimangono poche informazioni, ma sono molto famose per via dei ritrovamenti epigrafici. Necropoli di età romana risultano essere dislocate a Sud del Dromo e talvolta si trovano anche sovrapposte all'abitato di età greca, come nelle località Saletta e Russo[94]. Molte altre necropoli erano situate nelle contrade Parapazza e Lucifero, entrambe collocate vicino la costa. Si suppone anche la presenza di necropoli, collocate lungo la strada che nasceva dalla porta ubica situata nelle mura vicino al santuario Marasà.

---

93 COSTAMAGNA, SABBIONE 1990, p. 86.
94 PARRA 2002, p. 234.

Sabbione inoltre, ha notato come a Locri Epizefiri le tombe greche erano individuali e non monumentali. Infatti, mancano documenti che attestino la presenza di tombe formate da gruppi famigliari o altri gruppi, altre volte accadeva che sulle tombe antiche si sovrapponevano nuove tombe, com'è testimoniato dalle necropoli situate in contrada Monaci e in contrada Parapezza. Tra le forme di sepoltura più famose troviamo l'inumazione: caratterizzata da una piccola fossa che veniva scavata nella terra, il corpo del defunto protetto da una cassa di tegole che a partire dal V secolo a.C. assunse la forma a doppio spiovente. Sono presenti anche sepolture ad incinerazione[95]. I bambini più piccoli, di solito venivano inumati all'interno di anfore da trasporto o in grandi vasi, una tipologia di sepoltura definita *"enchytrismos"*. La presenza di questa sepoltura è molto importante, ci segnala come anche all'interno della *polis* di Locri Epizefiri la mortalità infantile raggiungeva un'alta percentuale. Altre necropoli sono situate a Sud-Ovest della città, in contrada Tribona collocata ni pressi della costa; scoperta da Paolo Orsi e documentata in modo approfondito da una campagna di scavi che riporta la testimonianza di tombe datate nel V secolo a.C.[96].

Infine, si può aggiungere che recentemente il problema delle necropoli è stato riesaminato da due studiosi, P. Pelagatti e G.

---

95 COSTAMAGNA, SABBIONE 1990, p. 48.
96 PARRA 2002, p. 234.

Vallet che si basano soprattutto sulla regione della Sicilia antica. Entrambi gli studiosi si concentrano sulla scoperta effettuata precedentemente da Pace il quale sosteneva che i primi nuclei tombali si sarebbero collocati nelle immediate vicinanze delle mura della città[97]. I due studiosi, Pelagatti e Vallet dimostrano invece come le tombe più antiche rispetto a quelle più moderne si trovassero più distanti dalle mura.

---

97 BARRA BAGNASCO 1984, p. 55.

Capitolo 3

I Santuari

3.1 I Santuari

A Locri un'importanza fondamentale hanno le aree sacre, così come in ogni altra *polis*. Per i greci il problema del sacro riguardava l'intera comunità e non il singolo individuo, ed il culto della divinità era il vero anello di congiunzione dei membri di una stessa comunità. I santuari erano luoghi importanti per la vita religiosa degli abitanti di ogni *polis,* le cerimonie si svolgevano tramite l'aiuto di vari sacerdoti, di solito eletti annualmente come gli altri magistrati della comunità. I sacerdoti compivano i sacrifici in nome e in favore della collettività, su cui ricadeva la benevolenza degli dei. Da ciò si può comprendere anche la grande importanza che veniva attribuita al sacrificio nel mondo greco. Generalmente quest'ultimo era costituito dall'uccisione rituale di un animale che veniva offerto alla divinità. Avveniva così la macellazione o la cottura delle parti commestibili, sul fuoco acceso sull'altare e la loro distribuzione a coloro i quali partecipavano al sacrificio[98]. In maniera simbolica, ai banchetti aderivano anche le divinità che ricevevano il fumo proveniente

---

98 COSTAMAGNA, SABBIONE 1990, p. 62.

dall'incenerimento sull'altare. I santuari greci potevano essere strutturati in modo differente, ma alcuni elementi si ritrovano in modo costante. Il primo riguarda la delimitazione del terreno ad esso dedicato e l'altare per i sacrifici. Il terreno sacro è definito anche *temenos* (cioè spazio definito, tagliato, che deriva dal verbo temno = taglio)[99], ed era delimitato dagli spazi circostanti attraverso un muro. L'altare per i sacrifici, o la cavità per le offerte degli inferi, erano sempre collocati all'aperto e circondati da un ampio spazio che doveva ospitare i partecipanti durante le cerimonie. È molto difficile individuare il metodo secondo cui i santuari erano collocati nell'area urbana di Locri Epizefiri. Sicuramente le aeree dei santuari locresi erano distribuite sia nel settore pianeggiante che in quello collinare della città, ed erano localizzati sia all'interno che all'esterno della città[100]. I tre più noti sono il Santuario di Marasà, il santuario di Casa Marafioti e il santuario di Athena alla Mannella, collocati nell'estremità Nord-Orientale della città. Questa posizione fa anche pensare che questi santuari rivestissero soprattutto un ruolo di controllo sacrale e di protezione dei limiti dell'area urbana.

Altri santuari sono invece situati al di fuori delle mura, come ad esempio il Santuario della Dea Persefone alla Mannella e il Santuario di Grotta Caruso[101]. Le aree sacre indubbiamente

---

99 COSTAMAGNA, SABBIONE 1990, p. 66.
100 *Ibidem* p. 67.
101 PARRA 2002, p. 232.

rappresentavano anche la grande ricchezza economica, politica e sociale raggiunta dalla *polis*, dato che molti santuari possedevano templi monumentali di grande prestigio architettonico. Tra questi si può ricordare il tempio ionico di contrada Marasà, a cui apparteneva anche il famoso gruppo dei Dioscuri.

3.2 Il Santuario Marasà

Il Santuario di contrada Marasà è collocato ad una breve distanza dall'angolo Est delle mura, presso una porta urbica in prossimità del mare. Si tratta di uno dei santuari meglio conservati, il quale può offrirci la tipica immagine del santuario greco, con altare, tempio periptero, alcuni basamenti che forse erano destinati al sostegno di statue o doni votivi e con un porticato definito anche *stoà*. Ancora oggi non è stato individuato il limite del santuario in direzione della città, mentre sul lato opposto il limite coincideva con la cinta muraria. È tutt'ora oggi un mistero anche la divinità a cui il santuario di contrada Marasà fosse dedicato. Molti ipotizzano si trattasse di Afrodite. È difficile anche stabilire da quando l'area iniziò ad essere usata come santuario. Gli unici dati certi che si hanno attestano la più antica delle tre principali fasi costruttive del tempio alla fine del VII o ai primi decenni del VI secolo a.C.[102]. In antichità il Santuario Marasà doveva essere sicuramente molto più ampio dell'area che è stata scoperta tramite scavi. Verso Nord-Est si estendeva fino alle mura, mentre sugli altri tre lati non si è ancora riusciti a stabilire il limite del *temenos*. Ancora oggi non si hanno informazioni certe riguardo il modo in cui l'area del santuario si inserisse nel tessuto urbano pianificato, rispetto al quale forse il santuario era indipendente. Si ipotizza ciò dal momento che i due orientamenti che si riscontrano negli edifici

---

102 COSTAMAGNA, SABBIONE 1990, p. 63.

del santuario sono diversi dall'orientamento del reticolo viario urbano. Tramite le numerose campagne di scavo che sono state condotte si può osservare l'altare, databile nel V secolo a.C., mentre addossata alle mura si trovava la *stoà* (di cui però rimangono pochissime tracce sul terreno). Al centro dello scavo si trovano i resti del tempio arcaico che risulta essere stato realizzato in due fasi costruttive diverse, e demolito nel V secolo a.C. Fu poi sostituito da un grande tempio ionico che si sovrapponeva ai resti dell'edificio più antico. Si tratta nello specifico di un tempio ionico realizzato in calcare siracusano, le cui fondazioni inglobano i resti di un edificio più antico, costruito in arenaria e calcare locale, il quale però presentava un orientamento completamente diverso. Sia il tempio ionico, che le fasi di costruzione precedenti dell'*oikos* primitivo, risalgono alla fine del VII sec. a.C.[103]. Tutti questi elementi sono stati sottoposti a delle nuove e approfondite ricerche, attraverso le quali è stato possibile anche stabilire una nuova cronologia per la costruzione del tempio ionico, ovvero il 480-470 a.C.[104]. Quest'impresa racchiude insieme una grande ricchezza, sia per il costo che sicuramente fu molto elevato, dato il trasporto della pietra dalla Sicilia, sia per le competenze tecniche richieste per la lavorazione di tale materiale. Il compimento di un simile progetto va sicuramente collegato ad un momento di grande prosperità per la città di Locri. Successivamente, dopo il dissesto

---

103 BARRA BAGNASCO 1984, p. 38.
104 *Ibidem* p. 39.

del tempio ionico, tutte le risorse vennero esaurite e impiegate come materiale di costruzione per altri edifici. Il consumo dei materiali infatti si fermò solo nel 1889-1890, quando Paolo Orsi riportò alla luce le strutture del tempio arcaico[105]. È stato anche rintracciato, nelle misure del tempio, l'impiego di un piede ionico di metri 29,34, che somiglia a quello che risulta essere stato usato anche per l'impianto urbano[106]. Quest'ultimo elemento è un ulteriore conferma che dimostra come la diffusione della cultura ionica fosse ancora molto vigorosa a Locri. Si sa con certezza che il Santuario di Marasà fu uno dei primi ad avere origine nella *polis* di Locri, poiché molti reperimenti ceramici dimostrano con molta sicurezza che l'area fosse frequentata già dalla prima metà del VII secolo a.C. Non si hanno però informazioni certe riguardo al fatto se, fin dall'origine, questa area avesse già una destinazione sacra[107]. Le strutture della prima fase del tempio erano costruite con blocchi di arenaria giallastra. Verso Oriente si può osservare la fondazione della fronte del tempio, realizzata in blocchi disposti orizzontalmente e che davano accesso al *pronaos*. La larghezza dell'edifico invece era segnata da due blocchi che fanno parte delle ante del *pronaos*. La fondazione è costituita da una linea di blocchi di arenaria molto grandi (metri 0,85 di larghezza, lunghezza variabile tra metri 1,50 e 1,70). Invece dell'asse superiore, che apparteneva alla costruzione del muro, sono stati

---

105 COSTAMAGNA, SABBIONE 1990, p. 187.
106 BARRA BAGNASCO 1984, p. 39.
107 *Ibidem.*

conservati solo quattro blocchi (larghi circa cm 0.55)[108]. Non si hanno informazioni riguardo al fatto che tale asse si elevasse con altri di arenaria o con una struttura interamente in mattone crudo. I muri della cella risultano essere decorati con lastre di terracotta dipinta, le quali riportavano ornamenti a meandro in nero. Il tetto presentava invece una decorazione formata da terrecotte monocrome, decorate a meandro (il *geison*) e a treccia semplice (la *sima*): molti di questi frammenti si trovano oggi esposti all'*Antiquarium*.

____

108 COSTAMAGNA, SABBIONE 1990, p. 191.

3.3 Santuario di casa Marafioti

Il Santuario di Casa Marafioti era costruito su un'altura del monte Cusemi, proteso verso la pianura. La sua collocazione ai piedi delle colline rendeva logico l'inserimento nella ristrutturazione urbana della seconda metà del VI secolo a.C.[109]. Questa informazione sembra essere vera, dal momento che il santuario di casa Marafioti fu innalzato nell'ultimo quarto del VI secolo a.C. e ne fu ristrutturato il tetto alla fine del V secolo a.C. Un frammento di *kourus* attesta invece l'esistenza del santuario già nel VI secolo a.C. A valle doveva essere delimitato da un grande muro di contenimento, esaminato da Orsi e poi ricoperto insieme ai resti del tempio. Oggi del santuario Marafioti non resta più nulla, dal momento che successivamente fu costruita sul lato orientale anche una casa di proprietà della famiglia. Si ipotizza anche che il muro avesse la funzione di limite del *temenos*. Se tale ipotesi venisse confermata, il santuario di casa Marafioti non avrebbe alcun tipo di rapporto topografico o funzionale con la teca dell'Archivio di Zeus Olimpio, che si trova situata in contrada Pirettina, ai piedi dell'altura, a circa metri 90 di distanza dal tempio[110]. La teca di Zeus Olimpio sembra non appartenere al santuario di Casa Marafioti, ed è ancora più difficile identificare il santuario di casa Marafioti con il tempio di Zeus Olimpio, a cui si riferiscono i resti

---

109 BARRA BAGNASCO 1984, p. 40.
110 COSTAMAGNA, SABBIONE 1990, p. 66.

dell'Archivio. A riguardo esistono diverse contraddizioni, come per esempio il fatto che De Franciscis, basandosi sulle iscrizioni delle tavolette bronzee rinvenute in una teca nelle immediate vicinanze di casa Marafioti, ha proposto di indentificare il tempio come quello di Zeus Olimpio. Anche per il santuario di casa Marafioti non si conosce bene l'identità della divinità a cui era dedicato. Paolo Orsi, nel 1911, effettuò numerose campagne di scavo nella zona e al di sotto di una casa moderna identifica la pianta di un tempio dorico, le cui strutture con il passare del tempo erano state interamente demolite, diventando materiale di rimpiego[111]. Paolo Orsi riuscì a portare alla luce solo pochi resti dell'edificio e recuperò molti frammenti di terrecotte architettoniche, appartenenti alla ristrutturazione del tetto avvenuta intorno alla fine del V secolo a.C. Da qui sono state ricreate molte lastre che decoravano il *geison* e la *sima* del tempio, fu anche ricreato un grande gruppo di lastre che riporta la rappresentazione di un cavaliere sostenuto da una sfinge. Questo era forse uno degli acroteri collocati in cima al tetto dell'edificio[112] Molti frammenti di terrecotte architettoniche si trovano conservate presso l'Antiquarium di Locri. Tali lastre sono state rinvenute soprattutto negli scavi del teatro dove erano cadute per frane. La decorazione secondo una tipica usanza della seconda metà del V secolo a.C. si concentra non solo nel colore (conservato bene in qualche

---

111 BARRA BAGNASCO 1984, p. 38.
112 COSTAMAGNA, SABBIONE 1990, p. 162.

frammento), ma anche nel rilievo. Sulle lastre del rivestimento del *geison* si può osservare il disegno del complesso meandro, è interessante anche notare la *sima* laterale, perforata per consentire il passaggio delle acque piovane. E' stata rinvenuta anche una grande iscrizione greca purtroppo lacunosa: resta solo la parte iniziale del nome (AINEASON....) e la parte finale (....I SOTERI) di una dedica di un certo Enea figlio di On.... (il nome del padre è lacunoso) a Zeus Soster, che può essere datata intorno al III-II secolo a.C.[113]. Da notare che si tratta di una dedica scolpita in grandi blocchi di calcare rinvenuti nello scavo del teatro. In un primo momento era stato ipotizzato che i blocchi iscritti individuassero i settori della cavea del teatro, ma l'ipotesi confermata secondo cui essi formassero un'unica dedica, rende più probabile che appartenessero ad un monumento votivo, forse situato nelle vicinanze di casa Marafioti. Da qui i blocchi sarebbero franati e finiti insieme ad altri materiali nell'area del teatro[114].

Sulle pendici orientali del colle della Mannella, presso il lato interno delle mura era situato un santuario dedicato ad Athena. Paolo Orsi scoprì solo scarsi resti del basamento di un piccolo tempio, poi subito ricoperti. Sono state inoltre ritrovate anche piccole statuette di Athena, oggi conservate al museo di Reggio

---

113 *Ibidem.*
114 *Ibidem.*

Calabria, le quali assicurano l'identificazione con la divinità qui onorata.

3.4 La teca dell'Archivio del santuario di Zeus Olimpio

Presso la contrada Pirettina, situata nei pressi del comune di Portigliola, nel fondo "Imperatore" di proprietà della mensa vescovile di Locri, e precisamente dentro l'ambito del *tèmenos* del santuario dorico conosciuto con il nome di <<Tempio di Casa Marafioti>>[115], nel Dicembre del 1958 fu effettuata una delle più grandi scoperte in ambito epigrafico. Fu rinvenuto "'L'archivio del Tempio di Zeus Olimpio" di *Locri Epizephyri*[116]. In realtà si tratta di una cassaforte integra in pietra calcarea, di forma cilindrica, che riportava anche *in situ* un pesante coperchio della stessa materia. I rinvenitori non riuscirono a spostare il pesante coperchio e danneggiarono la teca, praticando una spaccatura su un lato, che gli permise di trafugare il contenuto. Solo dopo alcuni giorni Ugo Serafino, un grande esperto e assistente di scavo della Soprintendenza, riuscì a recuperare 37 tabelle, nascoste in una stalla. Inoltre, all' interno della teca erano conservate anche delle monete d'oro e d'argento delle quali non è stato possibile rintracciarne nemmeno una. Un altro problema è costituito anche dall'apertura e dalla chiusura di questo tipo particolare di cassaforte. Il sistema adottato aveva sicuramente due obbiettivi: la sicurezza degli oggetti contenuti al suo interno e la facilità di apertura del suo coperchio lapideo, il cui peso si aggira intorno a

---

115 HYERACI 1964, p. 55.
116 *Ibidem.*

kg 1180. Molti studiosi, fra cui Giner, affermavano che la mancanza di scavi condotti nel territorio circostante alla teca avevano impedito l'arrivo a informazioni sicure e certe. Non si è stati in grado di accertare né la presenza di una sostruzione calcarea al di sotto del livello attuale del terreno, che doveva essere il basamento di un edificio eretto nelle vicinanze della teca per la sua protezione; nè se al contrario non fosse presente alcun tipo di basamento artificiale con questo scopo. Non si è riusciti nemmeno a capire se sia possibile individuare tracce di impianto appartenenti ad una costruzione lignea[117]. La cronologia, deducibile dal materiale conservato all'interno della teca, corrisponde ad un'epoca che può essere compresa tra il 350 e il 250 a.C. Proprio nell'ambito della tecnologia greca vanno rintracciate le possibili soluzioni per l'apertura e chiusura della teca. La meccanica greca è nota soprattutto grazie all'opera di scrittori della tarda antichità come Vitruvio, Plinio e Ateneo che commentano trattati di scrittori di epoche precedenti come Aristotele e Archimede. In ogni caso, sia nelle opere dei ritrattisti greci che in quelle di epoca posteriore, si può rilevare sempre la presenza di una soluzione razionale, anche per i più piccoli problemi. In questo caso specifico, dato che nelle vicinanze non sono stati rinvenuti elementi appartenenti ad altre costruzioni, si ha una piena conoscenza dell'esistenza di poche persone responsabili predisposte ad aprire e chiudere la teca al riparo di

____
117 GINER 1991, p. 15.

sguardi indiscreti. Si è arrivati a concepire come vera l'ipotesi avanzata da Costabile, il quale insisteva sul fatto che si doveva immaginare la costruzione di una piccola struttura lignea, edificata soprattutto per la riservatezza del sito e non per esigenze atte alla difesa da circostanze esterne[118]. Si trattava quindi di un edificio costruito con materiale effimero, ma che possedeva una grande solidità. Si può immaginare un piccolo edificio a pianta rettangolare, le cui dimensioni dovevano corrispondere allo spazio necessario per le operazioni d'uso della teca. Giner ipotizza che molto probabilmente si trattava di una costruzione interamente in legno, sia nelle fondazioni, nelle pareti e nel pavimento, che molto probabilmente era formato da travi longitudinali e traversali, con tavoloni sovrapposti in modo tale da dare maggior stabilità alla base della gru[119]. Questa superficie in legno era poi indispensabile per tutte quelle attività che dovevano svolgersi sopra il livello del suolo come la consultazione dei testi iscritti o le operazioni contabili riguardo a ciò che si depositava o si prelevava dalla teca. Molto probabilmente, l'edificio ospitava anche un piccolo piano di appoggio che serviva per scrivere. Probabile è anche la presenza di vari scaffali per deporre rotoli di papiro e vari materiali di scrittura. Ciò è confermato anche dalla presenza di due gradini di legno che separavano il pavimento dal suolo, dove si trovava incassata la teca molto probabilmente interrata fino al bordo[120]. Si

118 GINER 1991, p. 19.
119 *Ibidem.*
120 GINER 1991, p. 19.

può immaginare anche una gru girevole, come quelle riportate in vari scritti da Vitruvio e spiegate in modo preciso da Blumner[121]. Si potrebbe ipotizzare anche l'esistenza di uno spazio destinato all'appoggio del coperchio, nel momento in cui veniva aperta la teca. A questo scopo obbediva sicuramente il pavimento ligneo che doveva avere un'altezza di almeno cm 55[122]. In questo modo, nel momento in cui era necessario rimettere al suo posto il coperchio, bastava solo sollevarlo, senza trascinarlo sul pavimento. L'ipotesi di Giner riguardo alla costruzione dell'edificio interamente in legno non è priva di significati. Anzi, lo studioso stesso ha sottolineato come il legno, se trattato con i materiali appositi, con sostanze protettive (come il liquido per catalafare le imbarcazioni, olio, oppure resina), o se anche ben stagionato si può trasformare in un materiale solido e resistente nel tempo. Anche qui la mancanza di scavi condotti, non hanno permesso di arrivare a delle informazioni sicure, certe e veritiere che confermassero o meno la presenza concreta di una costruzione lignea. Ciò è un vero e proprio peccato, dato che l'argilla, con la dote dell'impermeabilità, permetteva una maggiore protezione del legno. Per quanto riguarda il coperchio della teca in pietra, esso possiede quattro anelli di bronzo: due fissi inclinati verso l'interno e con un diametro esterno di cm 13,8 e due mobili che possiedono un diametro di circa cm 10[123]. Appare strana la presenza di due

---

121 *Ibidem.*
122 *Ibidem.*
123 GINER 1991, p. 22.

anelli mobili e due fissi, una stranezza alla quale cerca di rispondere Granier formulando varie ipotesi: 1) nel momento dell'istallazione si possedevano due coppie differenti di anelli, per cui si potevano incastrare a coppia; 2) due anelli fissi sono stati installati per far sì che una sbarra di ferro facilitasse il trasporto dall'officina fino al luogo in cui doveva essere trasportato; 3) oppure si voleva dare maggiore saldezza a due dei punti di sollevamento, in modo tale da poter agganciare una grande catena in ferro. In questo modo gli altri anelli avrebbero avuto solo la funzione di punti di aggancio, affinché potessero prestare dei punti di appoggio stabili, nel momento in cui la teca si fosse dovuta muovere[124]. La teca del Santuario di Zeus rappresenta anche un'importante eccezione, non solo per il suo contenuto, ma anche per la forma del contenitore. Si tratta infatti, come è già stato ricordato, di una teca cilindrica monolite con un coperchio lapideo[125], di cui nessun esemplare simile è stato rintracciato nel mondo greco, anche se sono presenti dei riscontri piuttosto rari. Ad esempio, si sa con certezza che anche il *Pythion* di Gortyna era dotato di una cavità sotterranea, con una ripartizione longitudinale rettangolare, la quale presentava pareti costruite con sette file di blocchi di *poros*. Da notare soprattutto che l'ultima di queste file era sporgente, in modo tale da potervi appoggiare il coperchio[126]. Un altro confronto è possibile rintracciarlo nell'*Asklepieion* di

---

124 *Ibidem.*
125 COSTABILE 1991, p. 23.
126 COSTABILE 1991, p. 23.

Lebene, presso Creta. Anche qui era presente una teca tesauraria ipogeica costruita in blocchi, con imboccatura e coperchio, avente un complesso procedimento di apertura e di chiusura. Un confronto interessante può essere fatto anche tra la teca del Santuario di Zeus Olimpio e quella ritrovata nella *polis* achea di Caulonia. Durante lo scavo di un tempio costiero effettuato dall'Orsi, fu rinvenuto un grande coperchio lapideo a forma di tamburo o di cilindro, dal diametro di cm 116 e dallo spessore medio di cm 26[127]. Le ricerche condotte confermano che il coperchio rinvenuto a Caulonia non fu mai ultimato, per via di una frattura longitudinale che lo divise in due parti diseguali quando ancora si trovava in fase di costruzione. Solo successivamente si pensò di sistemare la frattura con due grappe di piombo del tipo a <<doppio gamma>>[128]. Successivamente ci si rese conto che la frattura poteva compromettere l'integrità del coperchio durante il sollevamento e quindi fu abbandonato nel luogo in cui lo si stava costruendo. Si capisce perfettamente che il sistema utilizzato a Caulonia possiede molti punti in comune con quello locrese, ma non si hanno informazioni sufficienti per comprendere quali dei due sistemi sia anteriore all'altro. Non si tratta di somiglianze e punti in comune casuali, come ha sottolineato anche lo stesso Costabile, che ritiene il sistema rinvenuto a Lebena, differente e anche più sofisticato. Esso viene realizzato con un coperchio dal

---

127 *Ibidem.*
128 *Ibidem.*

peso minore, che corrisponde anche ad una più facile manovrabilità. Il coperchio rinvenuto a Caulonia invece, pesava circa la metà di quello di locrese. Le tabelle contenute all'interno della teca furono pubblicate, grazie all'opera di Alfonso De Franciscis. De Franciscis è stato capace di mettere in evidenza l'importanza storica dei testi, i quali sono la testimonianza di operazioni finanziarie compiute dai magistrati della *polis* locrese. Nelle tabelle è riportata anche la testimonianza di grandi cifre di denaro prese in prestito dal Santuario di Zeus Olimpio, per affrontare molteplici spese. La datazione delle tavole bronzee si può collocare intorno alla seconda metà del IV e alla prima metà del III secolo a.C.[129]. Le tavole di bronzo sono scritte in dialetto dorico (che si usava tipicamente negli atti ufficiali della colonia magnogreca). Esso risultava misto a interferenze linguistiche attico-joniche e ad influenze locali. Molte ipotesi confermano anche che tali tavole costituiscono il "Libro Mastro" dell'amministrazione ecclesiastica del tempio[130]. Il valore di queste tabelle è inestimabile, anche perché investe molteplici campi differenti. Esse hanno un grande valore archeologico per l'estrema rarità e per la carenza di atti bronzei iscritti nella Magna Grecia. Sono state rinvenute anche una grande quantità di "*Lamellae orphycae auree*" dei frontoni di Thurio, insieme al famoso testo "*Senatusconsultum de Bacchanalibus*"[131]. Le

---

129 COSTAMAGNA, SABBIONE, 1990, p. 261.
130 HYERACI 1964, p. 56.
131 HYERACI 1964, p. 56.

tavolette possiedono anche un grande valore filologico, poiché forniscono la possibilità di approfondire la conoscenza linguistica e l'evoluzione dei dialetti in una colonia (la più greca delle colonie greche del Bruzio) che non ebbe simili nel mondo antico, perché dorica e piena di jonismo e influssi etnici. Va soprattutto sottolineato il grande valore storico che tali tavole possiedono, in un paese in cui mancano quasi completamente documenti epigrafici appartenenti alla civiltà ellenica, e in cui si susseguirono nel corso del tempo catastrofi naturali o causate dalla mano dell'uomo.

3.5 Il santuario di Persefone

Negli anni 1908-1911 Paolo Orsi condusse varie campagne di ricerche lungo le pendici del colle Mannella, riportando alla luce un santuario di grande interesse, che è stato identificato subito con il celebre *Persphoneion*. Esso è citato da Diodoro Siculo come il "più famoso" dell'Italia Meridionale. Il Santuario di Persefone si trovava, secondo le notizie tramandateci da Livio, "fuori la città", ma a ridosso delle mura. Durante la guerra con Crotone, si ebbe la necessità di circondarlo di mura, presso il santuario fu ritrovata anche una grande quantità di materiale votivo, dai *pinakes* fino ai bronzi[132]. L'Orsi durante gli scavi condotti alla Mannella ha messo in luce molti elementi interessanti. Tra questi va ricordata anche l'edicola tesauraria. Inoltre, le poche notizie che si hanno a disposizione sono dovute proprio all'instancabile attività dell'Orsi. Si sa con certezza che l'area sacra si estendeva immediatamente al di fuori della città su di una terrazza trapezoidale di oltre metri 100 di lunghezza e una larghezza di circa metri 35-40 di profondità[133]. In quest'area, e non sulla sommità della Mannella, si estende il santuario che trova in questa sua disposizione molte somiglianze con il mondo greco[134]. La cronologia del Santuario di Persefone si può collocare intorno al V secolo a.C., tramite l'attenta analisi condotta sul materiale votivo deposto fra i muri del terrazzamento.

---

132 DE FRANCISCIS 1977, p. 16.
133 TORELLI 1977, p. 158.
134 *Ibidem.*

La vita del santuario proseguì almeno fino all'età ellenistica, data la presenza di oggetti votivi databili intorno al IV e III secolo a.C. Si trattava di oggetti votivi meno preziosi, meno ricorrenti e significativi di quelli di età arcaica e classica. Con molta certezza si conosce la divinità a cui era dedicato il culto nel santuario, confermata anche dalle numerose iscrizioni ritrovate. Il Santuario della dea Persefone si trova situato sulla Mannella, nel vallone che lo divide dal colle Abbadessa, all'esterno della cinta muraria. In base a ciò trova un'ulteriore conferma la descrizione che Tito Livio aveva formulato del *Persephoneion* locrese. Un' ulteriore certezza che il santuario fosse dedicato alla dea Persefone ci viene data dalla presenza di molte iscrizioni votive. In modo molto chiaro ci troviamo davanti ad un luogo di culto privo di tempio. È stato notato che anche in altre località greche i santuari dedicati al culto di Persefone non furono dotati di edifici templari, forse perché non venivano considerati fondamentali per il culto della divinità degli inferi. Se il santuario della Mannella negli anni ha avuto una grande fama è soprattutto per i grandi depositi votivi databili nel IV- V secolo a.C. Il santuario della Mannella non aveva alcun tipo di legame con l'impianto urbano, sia per la distanza, sia per la collocazione in una zona collinare, che rendeva difficile una regolare suddivisione delle aree[135]. Varie ipotesi confermano che il collegamento tra la città bassa e questo importante luogo di culto, era assicurato tramite una strada, della

135 BARRA BAGNASCO 1984, p. 39.

quale è stato impossibile identificare l'esatto tacciato e che può essere datata intorno alla seconda metà del VII secolo a.C. La strada sarebbe identificabile con quella esistente ancora oggi, ovvero il sentiero lungo il Vallone Saitta-Abbadessa[136]. Intorno all'area di scavo sono state rinvenute molte strutture in blocchi di *ammolis*, soprattutto nel punto in cui il perimetro delle mura attraversava il vallone. Paolo Orsi osserva due muraglioni paralleli, collocati lungo i due lati del corso d'acqua, i quali creavano uno sbarramento nel punto in cui veniva racchiusa l'acqua. Orsi individuò in queste strutture non solo un'opera militare e idraulica, ma anche la monumentalizzazione dell'accesso al santuario di Persefone, il quale veniva utilizzato soprattutto da chi proveniva dalla città. Orsi riconosce anche nell'apertura una vera e propria porta, che veniva utilizzata quando il torrente era asciutto. Nei grandi muri di sbarramento invece vedeva l'appoggio per un ponte, che serviva a superare il fiume in caso di piena. Risalendo lungo il vallone si arriva al Santuario della Mannella, che occupava un terrazzo allungato ai piedi del ripido versante Sud-Ovest della Mannella. Paolo Orsi mise in luce, alla riva del fiume, anche un muro d'argine, suddiviso in due porzioni rettilinee con un orientamento diverso tra loro, tale porzioni inoltre erano separate da un fossato che scende lungo la Mannella. Il muro d'argine era affiancato all'interno del terrapieno retrostante ad una distanza variabile tra

---

136 COSTAMAGNA, SABBIONE 1990, p. 278.

metri 4 e 7, da un altro muro di larghezza inferiore e ad andamento spezzato, oggi non più visibile sulla superficie del terreno. Nello spazio tra il muro d'argine e il muro di contenimento vennero scaricati, forse proprio in occasione di una ristrutturazione del santuario, migliaia di oggetti votivi offerti "alla Dea". Gli oggetti, prima di essere depositati, venivano volutamente e intenzionalmente spezzati, in modo tale che rimanessero per sempre dedicati alla dea[137]. Tra gli oggetti di culto più significativi si possono ricordare: maschere arcaiche, busti fittili (che trovano un degno confronto solo con la Sicilia), le figurine plastiche di galli, colombi, cigni, eroti e *loutèria* (anche marmorei). Sono presenti anche contenitori di aromi, grandi vasi decorati appartenenti alla ceramica corinzia. Sono invece rari i vasi di libagione. Tra i bronzi meritano di essere ricordati, oltre ad uno stupendo bronzetto con figura di pepflora offerente, due elmi iscritti, numerose palline bronzee, specchi e maniglie[138]. Dal Santuario della Mannella proviene il grande complesso di materiale votivo rinvenuto da Paolo Orsi e oggi conservato in gran parte presso il Museo Nazionale di Reggio Calabria. Il complesso votivo comprende una centinaia di terracotte figurate, una grande quantità di ceramiche e anche di *pinakes* in cui sono rappresentati vari momenti del mito di Persefone e dei rituali di culto. I *pinakes* sono un dono <<povero>> rispetto ai più complessi e costosi

---

137 COSTAMAGNA, SABBIONE 1990, p. 278.
138 TORELLI 1977, p. 160.

anathèmata. Essi accennano a realtà culturali e ideologiche modeste, contrariamente a quanto è stato pensato[139]. I soggetti dei *pinakes* sono stati largamente studiati, poiché la maggioranza dei soggetti rappresentati appare ispirata ad un momento sociale ben preciso, ovvero quello delle nozze, con le ovvie implicazioni ideologiche, mitiche, rituali e simboliche connesse a questo particolare *status* di trasformazione[140].

---

139 TORELLI 1977, p. 160.
140 *Ibidem.*

3.5.1 I Pinakes

I *pinakes* sono dei quadretti fittili di terracotta, decorati a basso rilievo, di dimensioni che si aggirano intorno a cm 25 di lato e mm 6 di spessore, decorati in superficie con una vivace policromia[141]. Quasi tutti riportano fori di sospensione lungo il margine superiore, ciò costituisce un grande indizio riguardo al modo originario di esposizione del santuario. I *pinakes* sono un elemento caratteristico di Locri Epizefiri. Le tavolette sono pervenute in molteplici esemplari che variano per forma, grandezza e rappresentazioni di soggetti. Si tratta soprattutto di soggetti jeratici che risalgono al periodo del più stretto <<jonismo>>, nato in terra locrese intorno al V secolo a.C. Come è stato già ricordato, la maggioranza dei *pinakes* fu rinvenuta presso il Santuario della Mannella e forse costituivano delle offerte votive (*anathèmata* appesi come *ex voto* alle pareti del Santuario o nell'ambito del *tèmenos* templare)[142]. Le placchette venivano prodotte a "impressione", ossia a "stampo", da matrici di terracotta. Poi, prima della cottura, venivano ritoccate a stecca e rifinite da valorosi ed esperti artisti locali.

Durante una mostra tenutesi presso il Museo Nazionale di Reggio Calabria, sono stati esposti 176 tipi diversi di *pinakes* suddivisi secondo il soggetto. Tra i temi più ricorrenti si trovano gli animali

---

141 JENTILE 1964, p. 59.
142 PARRA, 2002, p. 234.

sacri alla dea, mobili e arredi del culto, il ratto di Kore-Persefone ad opera di Pluton (anche se molto spesso si pensa ad un suo delegato). Un ulteriore tema fondamentale è costituito dalla preparazione del letto e dalla rappresentazione del corteo nuziale. Ancora aperta appare la discussione sulla provenienza delle "matrici" dei quadretti. Molti studiosi, tra cui Q. Quagliati, sostengono che le "positive" fossero prodotte da un'officina locale e che le "negative" fossero creazione di officine joniche. Invece, lo studioso Della Seta sosteneva che i *pinakes* fossero opera dell'artigianato locale e che le "matrici" fossero create a Locri da artisti di scuola greca. Molte scene dei *pinakes* hanno come oggetto momenti di culto, come ad esempio l'atto rituale consistente nell'offerta: di un abito il cosiddetto "peplo nuziale", di fiori e di frutta[143]. Altre scene invece, si riferiscono ai preparativi delle nozze, come l'acconciatura, la vestizione della sposa e la preparazione del letto nuziale. I *pinakes* che rappresentano l'immagine di un bambino all'interno di una cesta si riferiscono alla maternità, fine principale del matrimonio; mentre le scene che riportano la figura della dea dell'amore Afrodite rimandano alla sfera sessuale[144]. A livello semantico l'interpretazione dei soggetti dei *pinakes* si rivela molto difficile, dato che gli elementi iconografici inseriti non obbediscono a fini decorativi ma sono simboli funzionali attraverso i quali si può

---

143 SCHENAL PILEGGI 2013, p. 9.
144 *Ibidem*.

arrivare ad una corretta interpretazione della scena[145]. La decodificazione di tali simboli era immediata per i contemporanei, mentre a noi moderni appare univoca data anche la mancanza di testi scritti che ci informano sui vari aspetti della religiosità locrese illustrata dai *pinakes*. Una scena rappresentata con frequenza è il rapimento di Kore (nome con cui viene indicata Persefone fanciulla)[146]. Secondo il racconto mitico Hades, dio degli inferi, innamorato di Kore, figlia di Demetra emerge dall'oltretomba e accompagnato dal suo carro trainato dai cavalli alati rapisce la fanciulla. Tale tema ha avuto un enorme successo, dato che il matrimonio di Persefone con Hades rappresenta una sorta di proiezione mitica del matrimonio delle fanciulle locresi e il rapimento di Kore non è altro che la metafora delle nozze, cioè rappresenta un cambiamento di *status* inevitabile[147]. In molti *pinakes* locresi compare la figura del gallo. Come altri animali maschili (ariete, toro) rappresenta la fecondità dell'uomo fondamentale per la procreazione che è il fine principale del matrimonio[148]; il gallo con il suo canto segna anche il passaggio dalla notte al giorno, quindi richiama Persefone, che gestisce il passaggio dalle stagioni infeconde a quelle feconde e che protegge la futura sposa durante il rito di passaggio tra lo stato virginale e

---

145 *Ibidem.*
146 *Ibidem* p. 13.
147 SCHENAL PILEGGI 2013, p. 13.
148 *Ibidem* p. 23.

quello di adulta[149]. Un altro soggetto ricorrente nei *pinakes* locresi è quello relativo all'offerta di doni da parte di una o più divinità a Persefone, rappresentata come regina degli Inferi seduta in trono, sola o accanto ad Hades[150]. La scena è stata interpretata come la rappresentazione delle cerimonie tenute dalle varie divinità dell'Olimpo in omaggio alla novella coppia di sposi. In queste scene accanto a figure di divinità ed eroi compare un personaggio femminile che rappresenta la giovane futura sposa. La figura femminile si presenta al cospetto di Persefone accompagnata da una divinità, tale scena quindi si configura come la proiezione mitica della figura maschile all'interno del patto matrimoniale. Un gruppo di *pinakes* invece rappresenta una scena particolare, di difficile interpretazione, nella quale un personaggio femminile seduto in trono, apre una cesta al cui interno è deposto un bambino. La cesta rimanda alla *"cista mystica"*, di solito usata per custodire un contenuto prezioso e reso accessibile solo agli iniziati, nel contesto di culti di tipo misterico[151]. Il bambino è stato identificato con vari personaggi appartenenti al mondo del mito tra i quali Adone, amato da Afrodite e mandato in una cassetta di legno a Persefone, che se ne innamora perdutamente[152]. Senza alcun dubbio la scena simboleggiava la maternità, voleva tramandare alle giovani locresi in procinto di sposarsi la felice

---

149 *Ibidem*.
150 *Ibidem* p. 35.
151 SCHENAL PILEGGI 2013, p. 41.
152 *Ibidem*.

prospettiva di una vita di coppia feconda. Interessante è notare come nelle scene di apertura della cista compaiono anche varie attributi appartenenti alla sfera femminile che possiedono un forte significato simbolico, come ad esempio la colomba e il melograno emblemi della fecondità[153]. I *pinakes* si caratterizzano anche per un a vivace policromia, che si è conservata in modo parziale. La gamma di colori utilizzata è piuttosto limitata, essendo circoscritta ad azzurro, bianco e rosso, mentre con minor frequenza compaiono anche il giallo e il nero[154]. Il bianco serviva soprattutto per le vesti e l'incarnato femminile, dato che secondo una tradizione dell'arte greca la carnagione delle donne era più chiara perché mai esposta al sole. L'azzurro serviva principalmente per lo sfondo. Il rosso, presente in una serie di tonalità che va dal rosato al violetto, era usato sia per lo sfondo, sia per molti elementi del rilievo come ad esempio l'incarnato maschile, le capigliature femminili e gli animali[155]. Infine, la trattazione dei *pinakes* si può concludere citando una riflessione appartenente ad uno studioso. Ciaceri riguardo ai *pinakes* affermava: *"Notevoli per la finezza e l'eleganza del disegno, questi rilievi, dai quali traspare un senso di vita profondamente umana, sono resi brillanti dalla gaiezza dei colori e dopo tanti secoli riescono a destare viva la nostra ammirazione [.....]* "[156].

---

153 *Ibidem*.
154 *Ibidem* p. 51.
155 SHENAL PILEGGI 2013, p. 51.
156 PARRA 2002, p. 62.

3.6 Santuario di Grotta Caruso

Il Santuario di Grotta Caruso è l'unico ninfeo rupestre esplorato nella Magna Grecia. Appare molto trascurato anche dalla letteratura specialistica, tanto che Neuerburg lo considerò di scarso valore per via della pessima condizione in cui versava[157]. Dagli altri autori che si occuparono dei ninfei esso non fu affatto considerato. Molto probabilmente la causa principale della sottovalutazione del ninfeo di Grotta Caruso è stata proprio la mancanza di materiale grafico. Il santuario di Grotta Caruso si trova collocato all'infuori delle mura e più precisamente presso il Vallone Polisà. La grotta non si trova collocata nemmeno all'interno di un santuario di maggiore complessità, con diversi edifici cultuali, come avveniva ad esempio a Cirene per il *Nymphaion*. Esso è situato invece al di fuori delle mura urbiche, dove sono state anche rintracciate dall'Arias resti appartenenti all' abitato risalenti al V e metà IV secolo a.C.[158]. È un'ubicazione peculiare che spinge quindi ad immaginare una frequentazione quotidiana del ninfeo, legata non solo a scopi di tipo sacrale ma anche di tipo utilitaristico e pratico delle acque. Tali ipotesi appaiono confermate con molta certezza anche dalle fasi di trasformazione del ninfeo: da grotta priva di interventi architettonici, a grotta con tettoia all'ingresso ed edificazione del

---

157 COSTABILE 1991, p. 3.
158 MARTORANO 1991, p. 13.

bacino semicircolare con canale rettilineo[159]. Un luogo anche molto suggestivo per la nascita di un santuario, il quale conferma chiaramente come i Greci trovassero il divino soprattutto nei luoghi dove la natura si manifestava in modo particolare, come ad esempio le sorgenti che risultavano legate alla presenza indissolubile delle ninfee. Il culto delle ninfee era importante poiché si riteneva che propiziassero la continuità idrica, molto importante per la vita di una *polis*. Si ebbe anche certamente un affollarsi di satiri, di eroti, di dormienti, di Afroditi ed Ermafroditi, o la presenza del dio Pan e di Panischi, di curiosi modellini per giochi d'acqua, il tutto attorno alle tre protagoniste del culto ovvero le tre ninfe ignote, titolari della sorgente[160]. Era probabile che presso il Santuario di Grotta Caruso avesse anche luogo il culto di Afrodite, data l'esistenza di un tipo di religiosità tipica del mondo pastorale e contadino[161]. Il Santuario di Grotta Caruso, per la presenza di culti dedicati a ninfee, satiri e Pan, sembra somigliare ad altri santuari di età ellenistica, come quelli collocati alle pendici dell'acropoli di Atene. Riguardo all'architettura del ninfeo si possono aggiungere molte informazioni interessanti. Lo studioso Amandry ha insistito sul fatto che nonostante si conoscano diverse decine di simili grotte, solo alcune di queste sono state esplorate[162], molte delle quali si trovano situate in

---

159 *Ibidem.*
160 TORELLI 1977, p. 182.
161 COSTAMAGNA, SABBIONE 1990, p. 154.
162 MARTORANO 1992, p. 14.

Attica. Per avere un confronto più singolare si dovrebbero prendere in considerazione soprattutto le grotte che hanno subito interventi artificiali di modifica, o interventi destinati alla decorazione, come quelli effettuati all'interno di Grotta Caruso. Di fronte al santuario di Grotta Caruso era situato anche un bacino destinato alla raccolta delle acque. A quest'ultimo si poteva accedere tramite una scala di sette gradini, con un pianerottolo successivo ai primi tre[163]. La scala risultava costruita tramite gradini formati da pietre squadrate in maniera molto rozza, connessi tra loro tramite molte insenature, così come il muretto che proteggeva l'intera scala[164]. Il bacino costruito artificialmente, tramite la costruzione di muretti a secco, si estendeva anche attraverso un allungamento che procedeva a forma di canale. Esso era formato da due muretti rettilinei, per una lunghezza di metri 2,60 terminanti in alto a gradini. Il ricchissimo gruppo di terrecotte votive fu scoperto e portato alla luce dall'Arias nel 1940. Molti dei materiali votivi più significativi sono esposti presso l'*Antiquarium* di Locri e sono una grande testimonianza della stagione artistica di Locri Epizefiri in età ellenistica. Grotta Caruso è "praticata nella roccia tufacea" con "l'acqua filtrante attraverso la roccia"[165]. Importante fu anche la scoperta del ninfeo dell'Imperatore che risultava essere alimentato da un acquedotto. Tale pensiero

---

163 *Ibidem.*
164 *Ibidem* p. 9.
165 MARTORANO 1992, p. 9.

potrebbe indurci a pensare che anche il ninfeo di Grotta Caruso fosse approvvigionato da acque provenienti da un acquedotto. Ciò avveniva anche per il *Nymphaion* di Cirene, o presso Corinto, per la grotta "Bagni di Afrodite"[166]. Lo scavo effettuato presso Grotta Caruso ha messo in luce due fasi di definizione idraulica e architettonica. Molto interessante è stato anche il ritrovamento di una protome leonina, che sicuramente va identificata con quella appartenente ad una sima della collezione Scaglione. A questo va aggiunto anche il ritrovamento di due antefisse sileniche, assegnate a cronologie diverse, le quali fanno pensare a tre fasi differenti di costruzione[167]. La testa leonina, realizzata tramite la tipica argilla giallina locrese, conserva ancora tracce di policromia, (palmette e girali in nero, fior di loto in bianco; giubba in giallo, fauci in bruno, baffi in nero)[168]. Essa apparteneva ad una sima laterale fittile, di cui costituisce la gronda e viene datata da Costabile intorno alla metà del V secolo a.C.[169]. Si suppone infatti che tale terracotta appartenesse ad un portico retto da supporti lignei o da pareti laterali. Riguardo alla maschera leonina si possiedono anche delle testimonianze molto interessanti. Dopo circa un anno dall'inizio dello scavo di Grotta Caruso, nel fascicolo di Febbraio-Marzo 1941 della rivista "Le Arti", l'Arias inseriva in nota una notizia clamorosa:

---

166 *Ibidem.*
167 *Ibidem.*
168 COSTABILE 1991, p. 16.
169 *Ibidem.*

"Si aggiunga per la nostra fonte, la menzione della scoperta d'un frammento di maschera leonina importante per supporre che anche essa possedesse un prospetto architettonico"[170].

L'Arias non riferisce la scoperta, ma la menziona, dal momento che non aveva né visto, né trovato in prima persona la maschera, ma aveva avuto notizie certe solo riguardo al ritrovamento e alla provenienza. Molto importante è la precisazione della studiosa Martorano, la quale sosteneva che le dimensioni della <<maschera>> dovevano essere simili a quelle di una terracotta architettonica. Essa non doveva quindi appartenere a nessun modello monumentale. Ciò contrasta con quello che sosteneva l'Arias, il quale credeva invece nell'esistenza di un prospetto architettonico[171]. Molto interessante è la descrizione formulata dall'Arias riguardo le due antefisse sileniche ritrovate durante la campagna di scavo delle contrade Caruso-Polisà, nella primavera del 1940. Le due antefisse sileniche (la prima ha un'altezza di metri 0,125 la seconda di metri 0.165) facevano parte del prospetto architettonico della grotta. Nella prima antefissa è rappresentato il volto di una giovane ragazzo, che si intravede dalla velatura del capo calvo. La seconda antefissa è invece più stereotipata, appare agitata nella superficie anatomica e le orecchie appuntite fuoriescono dal piano del rilievo[172]. È di particolare

---

170 COSTABILE 1991, p. 15.
171 *Ibidem* p. 16.
172 PARRA 1991, p. 17.

interesse un passaggio fondamentale nella descrizione compiuta dall' Arias: *"Queste due antefisse che molto probabilmente appartenevano a diverse "quinte "della grotta, [....] confermano la natura eterogenea dei culti di questa fonte.."*[173]. Infine, molto interessante è anche indagare da vicino le circostanze che hanno portato alla scoperta di grotta Caruso. L'Arias scoprì Grotta Caruso nel 1940. All'epoca molte notizie erano ancora riservate per via del procedimento penale in corso tra la Soprintendenza delle antichità della Calabria e Domenico Scaglione (proprietario della collezione che porta ancora oggi il suo nome)[174]. In modo particolare poi Costabile afferma:

"I reperti di grotta Caruso, prima che vi scavasse l'Arias non finivano mai in mani diverse da quelle di Domenico che, riunendoli nella sua collezione, lì sottrasse a dispersione certa, cui sarebbero andati incontro, se fossero stati venduti a diversi acquirenti."[175].

Attraverso il suo pensiero possiamo capire che, se oggi è possibile ammirare ancora alcuni elementi dell'architettura e dell'ornamento di Grotta Caruso, è soprattutto grazie all'impegno di una persona come Domenico Scaglione. Esso infatti ha salvaguardato nel migliore dei modi un patrimonio inestimabile.

---

173 *Ibidem.*
174 COSTABILE 1991, p. 16.
175 *Ibidem.*

Ancora un grande merito va riconosciuto a Costabile, il quale afferma che l'Arias avesse avuto la notizia della <<maschera leonina>>, facente parte della collezione Scaglione, per via di Ugo Serafini. Esso era incaricato di custodia e poi fu Assistente di scavo della Soprintendenza, e rivestì perciò un ruolo importante negli scavi locresi[176]. Un'altra testimonianza dell'esistenza del santuario di Grotta Caruso ci viene fornita anche dalla presenza di numerose terrecotte, sulle quali vi è riportata la rappresentazione delle ninfee venerate al suo interno. Sono state rinvenute molte tavolette votive con la rappresentazione delle tre teste delle ninfee adorate nel santuario[177]. La maggior parte delle volte la parte inferiore della tavoletta è liscia, oppure vi è riportata la rappresentazione di un tirso, un lungo bastone culminante con una grossa pigna, tipico simbolo del culto di Dionisio. Altre volte vi è riportata la raffigurazione di Pan, seduto all'interno della grotta o l'immagine di Acheloo, una tradizionale divinità fluviale con il corpo di toro e con testa umana. L'immagine di Acheloo può collegarsi con il corso d'acqua che scorreva nel vallone all'interno della grotta[178]. Sono stati ritrovati anche piccoli busti femminili interrotti poco sotto le spalle, le quali portano sulla testa il *polos*. Ricorrenti sono anche le figure di dee nude e sedute. Alcune di esse sono rappresentate con le braccia tronche, forse perché dovevano essere completate con altri materiali. Ancora più

---

176 COSTABILE 1991, p. 16.
177 COSTAMAGNA, SABBIONE 1990, p. 155.
178 *Ibidem* p. 156.

interessante è notare come queste figure poggiavano su troni lavorati, elemento che portava a supporre si trattasse di figure di Afrodite. Tra il materiale votivo che fu rinvenuto vi sono anche molti modelli di grotte in terracotta che riproducono il santuario. In vari esemplari vi è anche l'intento naturalistico di rendere la natura della parete rocciosa nella terracotta. In altri esemplari conservati presso il Museo Nazionale di Reggio Calabria, la grotta è rappresentata come una fontana enorme, con un disegno architettonico particolare, che sottolinea la grande importanza dell'acqua per il culto qui praticato.

3.7 L'edificio *Stoà* a U

Il grande edificio della *Stoà* a U è definito così perché formato da tre aree allungate che racchiudono un grande piazzale interno rettangolare. Oggi sono visibili solo la serie di vani che costituiscono i due corpi disposti in direzione del mare, dato che il terzo corpo in direzione del monte è stato sconvolto dalla costruzione di altre strutture, realizzate in epoche successive. La *Stoà* a U è un edificio quasi unico, per cui non è possibile trovare un confronto nel mondo greco. Le stesse caratteristiche della *Stoà* a U si ritrovano nel santuario di Artemide presso Brauron, recentemente esplorato. Anche all'interno di questo santuario si trova la stessa disposizione degli ambienti ad U (ripetuta in modo molto semplificato anche nell'Acropoli di Atene)[179], ed analoghe celle-*oikoi*. Uno sviluppo simile si poteva riscontrare solo nella Grecia dell'Est, con la creazione di una *stoà*, ovvero un portico sorretto da colonne e pilastri, aperto sui lati lunghi, oppure su un lato solo. *Stoai* di questo tipo venivano costruite per offrire protezione dal sole e dalle intemperie in luoghi molto frequentati. Tra gli esempi di *stoà* più famose possiamo ricordare quella del santuario di Hera a Samo, databile intorno al 600 a.C. Sono da ricordare pure le due *stoai* che affiancavano l'agorà di Megara Iblea in Sicilia. L'edificio di Locri è però una *stoà* che sembra voler obbedire a bisogni funzionali. Questa ipotesi appare

---

179 COSTAMAGNA, SABBIONE 1990, p. 162.

confermata anche dal fatto che i corpi di fabbrica laterali sono formati da altri ambienti collegati fra loro. È un tipo di edificio particolar che viene definito *Stoà a oikoi*. La *Stoà* a U fu scoperta da G. Oliverio ed E. Lissi durante gli anni Cinquanta e nel 1976 fu sottoposta ad una serie di ricerche compiute da Gullini. Egli ha subito messo in evidenza l'esistenza di due fasi di costruzione differenti e la data del primo impianto nella fase più remota. Tra la fine del VII e del VI secolo a.C. fu eretta la parte più a monte, con le strutture laterali formate da sei vani per parte ed il corpo centrale soggetto in seguito a varie distruzioni[180].

Solo nella seconda fase di costruzione, che si colloca nel VI secolo a.C l'edificio assunse la sua immagine definitiva. Vennero allungati i due bracci verso Nord e Sud, fronteggiati forse da un colonnato ligneo. Inoltre, nel III secolo a.C. si effettuò anche l'edificazione di altri cinque vani e la costruzione di due ambienti molto piccoli disposti lungo l'ultimo vano[181]. Nel cortile della *Stoà* a U è stata rinvenuta una grande fornace a pianta rettangolare e a doppia camera di combustione: si tratta sicuramente di un impianto artigianale che esisteva prima della costruzione della *Stoà* a U e che successivamente fu distrutto. Disposte sui tre lati di un grande piazzale rettangolare, sono stati rinvenuti centinaia di depositi votivi definiti anche *bothroi*. In uno di questi furono

---

180 TORELLI 1977, p. 148.
181 COSTAMAGNA, SABBIONE 1990, p. 213.

rintracciate anche due tazze (*skyphoi*) con dediche dipinte ad Afrodite. Secondo varie interpretazioni l'edificio non sarebbe però un luogo di culto, dal momento che non sono stati rintracciati altari. Si pensa invece che si trattasse di un luogo in cui veniva esercitata la prostituzione sacra, ovvero una delle tante forme rituali dedicate ad Afrodite. Lo studioso Gullini però non ritiene valida l'ipotesi secondo cui la *Stoà* a U fosse un luogo in cui veniva esercitata la prostituzione sacra. Secondo egli infatti, la *Stoà* ad U era destinata ad accogliere e ospitare i pellegrini, in attesa delle cerimonie importanti[182]. La dea venerata era certamente Afrodite, dato che sono stati scoperti nell'area della *Stoà* a U figure fittili a tutto tondo maschili, sdraiati sui *klinai*, simili a livello iconografico alle statuette di "eroi di banchetti" provenienti da Taranto. Inoltre, sono stati ritrovati anche numerosi frammenti di *pinakes* che riportano scene di simposio.

---

182 *Ibidem* p. 215.

Capitolo 4

Paolo Orsi, Emilio Barillaro.

L'Akropolis e il porto di Locri Epizefiri.

4.1 Paolo Orsi

Paolo Orsi (Rovereto 18 Ottobre 1859-8 Novembre 1935) ha dedicato gran parte della sua vita alla ricerca archeologica. Egli è da considerarsi come il massimo artefice delle scoperte effettuate a Locri Epizefiri. Molte sono le ricerche che Orsi ha condotto in Calabria, in modo particolare nei confronti della Locride. È proprio grazie alla sua infaticabile attività e ricerca che oggi ci è concesso di conoscere la civiltà precoloniale nelle sue diverse fasi di evoluzione.

Orsi, svolse la sua attività nella Locride in due momenti distinti. In un primo momento nel biennio 1889-1890 e poi in maniera ininterrotta dal 1908 al 1925.

Paolo Orsi arrivò in Calabria, dopo un'osservazione del 1879, in cui uno studioso francese di nome Francois Lenormant denunciava lo stato di abbondono più totale in cui versava il tempio di Casa Marafioti, da lungo periodo soggetto allo spoglio[183]. Da Roma si

---

183 COSTAMAGNA, SABBIONE 1991, p. 21.

decise di intervenire subito per impedire la distruzione del tempio di cui ormai rimaneva solo il basamento. Non si riuscì però a realizzare ed organizzare una vera e propria campagna archeologica. Il problema si ripresentò dieci anni dopo, in seguito ad una richiesta tedesca effettuata per compiere degli scavi presso il Santuario Marasà. Tale richiesta fu accettata dal Ministro della Pubblica Istruzione che ebbe anche l'idea di iniziare una campagna di scavi Italo–Tedesca. Si decise allora di affiancare al famoso architetto E. Petersen un giovane archeologo proveniente da Rovereto, che da circa un anno lavorava presso il Museo Civico di Siracusa[184]. Nel 1889 per la prima volta Paolo Orsi arrivò a Locri, dove fin da subito non ebbe un ruolo subordinato o sottointeso a quello del grande Petersen. Ciò viene dimostrato anche dal fatto che Orsi pubblicò un articolo proprio sullo scavo del Tempio Marasà, avvenuto nel 1889-1890, sulla rivista "Notizie degli scavi"[185]. Ovviamente Orsi, data la grande fame di scoperta che lo contraddistingueva in maniera eloquente e sistematica dagli altri archeologi, non si limitò solo allo scavo del tempio di Casa Marafioti. Orsi, estese infatti le sue ricerche in molteplici campi, appassionandosi anche allo studio di oggetti antichi posseduti da collezionisti e mercanti[186]. Successivamente a questo breve periodo di tempo, Orsi ritornò ad esercitare la propria professione

---

184 COSTAMAGNA, SABBIONE 1991, p. 21.
185 *Ibidem.*
186 *Ibidem.*

presso il Museo di Siracusa. Nel 1902 il Ministero convocò nuovamente Orsi a Locri, qui l'illustre archeologo ebbe modo di constatare con amarezza la devastazione di molte parti di mura da lui scoperte, oltre a scoprire la presenza di numerose attività di scavo illecite. Attraverso tutti questi elementi, Orsi ricavò molte notizie riguardo le necropoli preelleniche di Canale e Janchina; ma anche molte altre informazioni interessanti sul deposito votivo del vallone Mannella che ospitava meravigliosi *pinakes*[187]. Successivamente Orsi si dedicherà anche ad altri studi archeologici, come la campagna di scavi effettuata nel 1908 presso la Mannella. Fu durante quest'ultima che riuscì a riconoscere il Santuario di Persefone, citato da molti autori antichi in molteplici fonti letterarie, come ad esempio Livio.

Nel 1909 proseguì lo scavo alla Mannella, riuscendo anche a condurre numerose ricerche all'interno delle necropoli indigene di Canale, Monaci e Janchina. Qui le ricerche archeologiche si estenderanno anche negli anni 1911 e 1912.

Le ricerche archeologiche nel territorio locrese continuarono nel 1910, anno in cui venne effettuata la perlustrazione del tempio di casa Marafioti e del piccolo tempio di Athena alla Mannella[188]. Nel 1910 iniziarono anche gli scavi all'interno della necropoli greca di contrada Lucifero, in cui si svolsero diversi periodi di ricerca

---

187 COSTAMAGNA, SABBIONE 1991, p. 21.
188 *Ibidem.*

(1910, 1911, 1913,1914-1915). Orsi nella necropoli di contrada Lucifero, riuscì a portare alla luce ben oltre 1600 tombe. Oltrepassando il carattere ufficiale degli studi, delle campagne di ricerca e degli scritti è interessante scoprire un altro lato inaspettato della personalità di Orsi. Egli non volle solo condurre studi di carattere ufficiale rivolti a resti o monumenti importanti. Una parte della sua attenzione fu infatti rivolta ad indagini e sopraluoghi minori, durante i quali riuscì a recuperare molti materiali appartenenti a collezioni private[189]. Risulta molto difficile credere che un archeologo come Paolo Orsi non si dedicò solo alla scrittura di articoli ufficiali, destinati ad essere pubblicati su riviste archeologiche di uno certo spessore (come quella già citata "Notizie degli scavi"). Orsi raccolse molte delle sue notizie anche all'interno di taccuini manoscritti, che si rivelano una grande fonte di informazione. Si tratta di un metodo di scrittura ancora oggi usato, in quanto strumento molto metodico che aderisce a pieno ai dati. Purtroppo, o per sfortuna, i diari di Paolo Orsi non venivano scritti per essere pubblicati, ma dalla loro attenta analisi viene fuori il carattere austero e inflessibile che Paolo Orsi ebbe nei suoi confronti e verso gli altri. Ne emerge anche la magnifica immagine di uno studioso e di un archeologo degnamente e moralmente eccellente. Esaminando in modo molto minuzioso i taccuini di Orsi, si è giunti a comprendere come una parte del suo lavoro sia stata supportata anche dall'attività di

____
189 COSTAMAGNA, SABBIONE 1991, p. 26.

alcuni suoi collaboratori molto stimati. Uno di questi, il quale
merita di essere ricordato è Rosario Carta, un disegnatore accurato
e preciso. La sua minuziosa opera arricchì in modo notevole
l'opera dell'Orsi[190].

---

190 COSTAMAGNA, SABBIONE 1991, p. 26.

4.2 Emilio Barillaro

Emilio Barillaro (San Giovanni di Gerace RC, 1 Gennaio 1904-25 Marzo 1980). Egli rivestì vari ruoli fra i quali archeologo, critico e letterato. A differenza di Paolo Orsi, Emilio Barillaro si potrebbe definire un "studioso locale", anche lui appassionato alla cultura greca e alla preistoria della Calabria e come dice lui stesso pervaso dalla <<febbre della romanità>>. È inoltre utile fare qualche piccola precisazione sugli insediamenti di età greca nel territorio di Locri, ancora poco noti. Riguardo le ville romane abbiamo invece a disposizione una cospicua documentazione, poiché in età romana prende forma, come in tutta Italia la costruzione di *villae*. Si trattava dell'abitazione del *dominus* e della sua famiglia, accanto alla quale erano collocate le strutture agricole (stalle, magazzini, frantoi), ed edifici destinati ad ospitare la manodopera servile. Essa era formata inoltre sia da schiavi che da coloni di condizione libera[191]. Le ville in età Imperiale assunsero un'immagine monumentale maestosa, splendida e magnifica. Nel territorio Locrese si possono rintracciare due ville molto significative: quella situata in contrada Palazzi nel comune di Casignana e quella del "Naniglio" a Gioiosa Jonica.

Uno studioso che riporta molte testimonianze riguardo ad Emilio Barillaro è Rocco Liberti. Egli racconta come l'impatto con

---

191 *Ibidem.*

Barillaro di San Giovanni di Gerace sia stato uno scontro garbato. Durante una visita presso la casa di un suo amico, il dott. Paolo Greco aveva avuto modo di leggere "Arte Archeologia e cultura in Calabria". Liberti si accorse che all'interno vi erano contenute molte foto da lui stesso già pubblicate, ma con numerosi errori di citazioni e di false notizie riguardo a molti monumenti. Decise allora di scrivere subito una lettera ad Emilio Barillaro, alla quale lo studioso di San Giovanni di Gerace rispose il 29 luglio 1968, tentando in tutti i modi possibili di giustificarsi. I due rimasero però in rapporti d'amicizia, tanto che l'anno successivo, il 2 Luglio 1969, Emilio Barillaro scrisse a Liberti per congratularsi dell'eccellente lavoro di studio su Ajello Calabro. Questo lavoro fu svolto secondo lui, con *"Spassionato giudizio"* che Emilio Barillaro definiva: *"Eccellente il testo (frutto di un'appassionata ricerca) e buona l'edizione. La sua costante fatica merita incondizionato giudizio"*[192]. Barillaro, sempre all'interno della stessa lettera annunciava anche la pubblicazione della sua opera *"Il mio bel San Giovanni"* che fu successivamente recensito da Liberti nel numero 12 del "Corriere di Reggio"[193]. Interessante è la recensione che Liberti realizzò per "La Voce di Calabria", riguardo un volume che Francesco Russo aveva dedicato al suo amico Emilio Barillaro, dal titolo "Una vita per la Calabria Emilio

---

192 LIBERTI 1986, p. 27.
193 LIBERTI 1984, p. 27.

Barillaro". Di questa recensione possiamo citare alcuni passi significativi:

"Tale lavoro è un saggio bibliografico rievocante la figura di uno studioso calabrese vivente, che ha speso con i suoi studi 40 anni di vita al servizio della Calabria. Archeologo, etnologo, scrittore e poeta ad Emilio Barillaro si devono quasi 400 scritti tra articoli. Opuscoli e libri [….] "[194].

Successivamente Emilio Barillaro manda una cartolina di ringraziamento a Liberti, per un'altra recensione, che egli aveva composto per l'opera "Fiumi navigabili nella Locride Antica". Anche di tale recensione si possono citare alcuni passi memorabili:

"Lo studioso di San Giovanni di Gerace dedica la prima parte del suo lavoro alla "ingens Syla "a quella grande foresta dell'antichità, che copriva gran parte del territorio calabrese e che nel suo seno accoglieva le Serre e perfino l'Aspromonte [……] "[195].

"Il Barillaro coglie l'occasione per dimostrare, sulla scorta dei vari Plutarco, Proclo, Platone, Livio, Pontano ecc. come anche il territorio limitrofo a Locri fosse negli antichi tempi assai boscoso

---

194 *Ibidem* p. 28.
195 *Ibidem* p. 29.

e come numerosi santuari della Locride fossero dedicati, di conseguenza, a divinità boscherecce. [….] "[196].

4.3 L'*Akropolis* di *Lokroi*

Paolo Orsi ed Emilio Barillaro si occuparono di un problema di grande importanza, ovvero stabilire quale fosse la reale collocazione dell'antica acropoli di Locri. Si tratta di un problema su cui sono presenti ancora oggi numerosi dubbi, nonostante le varie ipotesi che negli anni sono state formulate da archeologi di grande spessore, come Orsi e altri studiosi stranieri. Per analizzare meglio il problema si può partire da una curiosità: i Greci avevano l'abitudine, nel momento in cui costruivano una città, di appoggiarsi ad un insieme collinare o ad un rilievo montuoso *(àkron)*, destinato a formare l'acropoli dell'impianto civico. Questa caratteristica si ritrova in altre colonie della Magna Grecia e della Sicilia, le quali possedevano una *polis àkre* o *akròtate*; come ad esempio Selinunte, Siracusa, Acragas, Kroton, Velia, Cuma, Dicearchia, Neapolis)[197]. A questo criterio si attennero anche i Locresi, nonostante la loro decisione di lasciare la patria per muoversi verso le spiagge del Bruzio (antica *Hitalia*), dove crearono la loro *ktìsis*[198]. A quanto risulta però, né l'*Esopis*, né la Mannella, furono utilizzati per la costruzione dell'acropoli. Partendo dall'insieme di tutti questi elementi possiamo indagare in senso più approfondito il significato del termine acropoli, che in un primo momento fu utilizzato per via della sua etimologia (da

---

197 BARILLARO 1964, p. 3.
198 *Ibidem.*

àkros e *pòlis* città alta) per designare la parte alta delle antiche *poleis* greche. In un secondo momento, il termine assunse anche il significato di "cittadella fortificata" o di "rocca"[199]. Barillaro afferma che il termine poteva assumere anche il significato di "baluardo munito"[200], dato che molte volte le stazioni di controllo venivano costruite in altura per scopi difensivi. Con il termine di *akròpolis* si intende soprattutto l'acropoli così come veniva concepita originariamente, essa era il luogo destinato ad ospitare templi, santuari dedicati a varie divinità, edifici destinati a scopi religiosi, abitazioni, ed edifici pubblici, come l'archivio di stato e il *theatron*. Tutte queste strutture erano inoltre circondate da una o più file di cinta muraria, in modo tale che l'acropoli potesse avere il massimo grado di protezione[201]. Nel momento in cui si parla di *akropolis*, non si può non ricordare l'acropoli di Atene. In senso metaforico essa si potrebbe definire una scatola di bellezza, un cassetto dal quale trapela la più alta raffinatezza dell'arte greca, della quale al mondo non esistono copie tanto belle e spettacolari. Essa è simbolo di tutto il fascino esercitato dal mondo greco, ed è soprattutto il luogo che racchiude gli edifici più importanti che siano mai stati realizzati dalle maestranze greche, tramite la loro arte raffinata. L'acropoli di Atene senza alcun dubbio costituì un modello da seguire, per tutte le altre che furono costruite

---

199 BARILLARO 1964, p. 4.
200 *Ibidem.*
201 *Ibidem* p. 5.

all'interno di molte *poleis* greche[202]. Tra le acropoli più splendide potremmo ricordare ancora quella di Ilio e di Cartagine, mentre in Sicilia sono presenti due acropoli meravigliose presso Agrigento e Siracusa[203]. Riguardo all'acropoli di Locri Epizefiri non si hanno molte informazioni sicure, poiché non appare menzionata molto nelle fonti letterarie. Livio, il più grande storico latino riguardo alla città di Locri ricorda solo le mura, le porte, le varie fortificazioni e le piazzeforti difensive di Abadessa e Mannella. Il pensiero di Livio creò molta confusione negli studiosi, che almeno in un primo momento sospettavano che l'acropoli fosse situata nei pressi delle prime pendici collinari. In realtà, come è già stato ricordato, il problema della collocazione dell'acropoli di Locri rimane aperto ancora oggi, perchè nonostante le varie e molteplici ipotesi avanzate e sostenute, non si è riuscito ad individuare il luogo preciso in cui fosse collocata. Il problema dell'individuazione dell'*akropolis* di Locri si colloca insieme a quello di individuazione del <<*Persphoneion*>> e del porto[204]. Interessante è notare come l'argomento dell'acropoli di Locri, non fu mai affrontato in maniera aperta e decisa da parte degli studiosi. Solo in seguito ad un reperimento acrolico, ci si limitò a parlare, in maniera poco convincente, dell'esistenza di una acropoli Locrese. Nel corso del tempo fecero la stessa cosa anche altri studiosi come ad esempio il De Francisis, il quale affermava come alla prima

202 BARILLARO 1964, p. 5.
203 *Ibidem.*
204 *Ibidem* p. 6.

generazione di coloni che avevano fondato Locri, mancassero due elementi fondamentali presenti in ogni città greca, ovvero il porto e l'acropoli[205]. Lo stesso pensiero si può anche ritrovare in un famoso scrittore come l'Oldfather. Egli osservava che il sito di Locri non fosse molto propizio, data la mancanza di un porto naturale e di un'acropoli adeguata[206]. L'Oldfather sosteneva che l'acropoli di Locri si trovasse situata tra le due alture di Mannella e di Abadessa, alle spalle della città, posta ad una lunga distanza dalla spiaggia[207]. Ciò era contrario ai criteri che di solito venivano adottati nelle altre città greche. Quindi è molto singolare la descrizione che fornisce della città di Locri l'Oldfather, affermando che l'acropoli fosse situata a km 2800 dalla costa. Formata da due monti, quello della Mannella che possiede un'altezza di metri 148 e quello dell'Abadessa, alto metri 150[208]. È particolare notare come lo stesso pensiero riguardo la collocazione dell'acropoli, lo si può riscontrare in diversi scrittori come anche il Petersen, il Nissen e Jacopi. Quest'ultimo nello specifico affermava:

"La città antica si estende poco lungi dalla costa, da cui le mura distano 260 m. addentrandosi in direzione di tre alture lontane dal mare quasi 3 km: la Mannella alta m. 148, L'Abbadessa (150 m) e

---

205 BARILLARO 1964, p. 7.
206 *Ibidem.*
207 *Ibidem.*
208 *Ibidem.*

più in là Castellace (150 m.). Le prime due dovevano costituire l'acropoli fortificata, la terza un avamposto di vedetta con una semplice torre"[209].

A questo punto è utile precisare che a Locri si può considerare certa la presenza di un'acropoli. Essa va intesa però nel significato di "rocca fortificata" o "baluardo difensivo". Sarebbe del tutto erroneo affermare l'esistenza dell'acropoli nel vero senso del significato, cioè come luogo destinato ad ospitare templi, edifici di culto e strutture sociali. L'esistenza di quest'ultima tipologia di acropoli è stata rintracciata nel cuore della *polis* di Locri, più precisamente nell'altura compresa tra contrada dell'Imperatore o di Pirettina. In questo luogo è stato individuato un dislivello del terreno, che divide in modo trasversale la *polis*, creando una "città alta" e una "città bassa"[210]. Da notare che questa terrazza, per via della sua conformazione naturale non era sfuggita al duca di Luynes, che descrive il paesaggio in modo molto suggestivo. Nella lingua popolare la contrada veniva chiamata "contrada dell'Imperatore" e si pensa fosse anche la sede di un "Casino dell'imperatore" e di una "Grotta dell'imperatore". Sono elementi non privi di significato, dato che le antiche *Akropoleis,* soprattutto quelle di età preellenica, ospitavano la dimora dei dinasti. Un

---

209 BARILLARO 1964, p. 8.
210 *Ibidem* p. 10.

esempio eccezionale ci viene riportato dall'acropoli di Micene che ospitava la Reggia degli Atridi[211].

Ancora molto più significativo appare il nome Pirèttina che a livello etimologico si potrebbe collegare con *pyrè* ed *èthenos*, con il significato particolare di "luogo consacrato agli Dei Nazionali" o semplicemente "Acropoli della città"[212]. Inoltre, molti studiosi hanno notato come lo spazio di contrada Imperatore fosse circondato per due lati dal Muro Cusemi e il Muro di Pirèttina e negli altri due lati dai valloni Saitta (o Imperatore) e Milligri[213]. Il muro Cusemi, in particolare, ha attirato l'attenzione di numerosi studiosi, come l'Oldfather. Il muro, collocato molto distante dalla linea fortificata Mannella-Abbadessa–Castellace, aveva costituito un elemento di furiosa discussione tra gli studiosi, poiché vi erano molte opinioni contrastanti. L'Oldfather, sosteneva che esso formasse una specie di castello allargato, il quale comprendeva solo una parte di città alta[214]. Jacopi, invece, sosteneva che il muro avesse semplicemente una funzione di suddivisone interna; e che quindi servisse per dividere i due colli dall'acropoli[215]. Berard sosteneva che il muro delimitava la sola parte inferiore dell'acropoli. Con questo pensiero non concordò però Barillaro, data l'assenza di un motivo valido che spieghi l'esistenza di una

---

211 BARILLARO 1964, p. 11.
212 *Ibidem.*
213 *Ibidem.*
214 BARILLARO 1964, p. 13.
215 *Ibidem.*

cinta muraria, destinata a proteggere la <<città alta>> dalla <<città bassa>>. Secondo lo studioso locale Scaglione, il muro era o una specie di linea difensiva oppure aveva lo scopo di delimitare la parte superiore della città[216]. Scaglione, sosteneva che la pianta urbanistica di Locri nei primi tempi della colonizzazione si estendesse dall'area della contrada Imperatore, compresa tra il Muro Cusemi e il Muro Pirèttina e tra i due valloni a lato[217]. Quest'ultima informazione viene però smentita, perché è stata accertata la presenza nella fascia costiera di costruzioni arcaiche. Le convergenze che sono state rilevate dagli studiosi possono avere un'unica soluzione. Se a Locri fosse stata presente davvero l'acropoli, la funzione dei due muri paralleli sarebbe stata quella di delimitarla lungo i due lati. Paolo Orsi notò la seconda muraglia e suppose che il suo scopo fosse quello di sostenere la pianura di contrada Imperatore; luogo in cui si trovava il Tempio Marafioti, noto anche come "Casino dell'imperatore"[218]. All'osservazione di Orsi, aggiunse la sua opinione l'Oldfather, il quale sosteneva come la funzione del muro fosse anche quella di sorreggere la terrazza del tempio Marafioti. L'ipotesi che l'acropoli si trovasse situata presso la contrada Imperatore è alimentata anche dal fatto che nei pressi delle colline situate nelle vicinanze, sono stati rinvenuti i resti di un santuario dorico. Tale santuario sembra coincidere con quello che il duca di Luynes faceva corrispondere al

---

216 BARILLARO 1964, p. 13.
217 *Ibidem* p. 14.
218 BARILLARO 1964, p. 15.

Persephoneion[219], considerato da molti storici come il più antico di Italia. Orsi invece aveva proposto di identificare il tempio come quello appartenente a Zeus Olimpio, divinità molto adorata a Locri. La sua immagine o il suo simbolo caratterizzante apparivano impressi anche sulle monete. C'è anche un ulteriore indizio che potrebbe far pensare che veramente si tratti del tempio di Zeus Olimpio, ovvero il fatto che nelle vicinanze sia stato rinvenuto un frammento di lamina in bronzo con sopra impressa un'iscrizione giuridica[220]. Ulteriori elementi e dati confermano come l'acropoli si trovasse sicuramente collocata presso la contrada dell'Imperatore. Qui fu effettuata anche la scoperta di un teatro greco, situato nel fianco dell'altura, insieme alla scoperta avvenuta nelle vicinanze della "Grotta dell'imperatore". Orsi, però suppone che l'acropoli si trovasse collocata presso il piano Caruso, data anche la presenza di mura che circondano il lato orientale[221]. In questo luogo la natura dell'acropoli è facilmente riconoscibile dalle sfumature del territorio, ovvero dalla vicinanza alla contrada Marafioti, in cui si trovava collocato il tempio dorico. Esso era vicino alla contrada Pirèttina dove è stato rinvenuto il teatro greco-romano. Quindi si trattava di elementi che facevano presupporre anche l'esistenza di resti appartenenti ad abitazioni civili. È stato ipotizzato anche, con una certa sicurezza, come l'acropoli non si trovasse presso il colle Caruso, poiché è

---

219 *Ibidem.*
220 BARILLARO 1964, p. 16.
221 *Ibidem.*

stata rintracciata solo la cinta muraria e non è stata riscontrata la presenza di altri edifici[222]. Colpì anche la vicinanza dell'altura Imperatore alla strada del *dromos*, l'antica e forse principale strada della *polis*. Il rinvenimento di mura ad inquadratura del suolo, che ne fanno un "castello allargato" tanto da sembrare quasi una "chiusa terrazza", ci confermano ancora una volta l'esistenza di un complesso acropolita[223]. Il ritrovamento di resti appartenenti al teatro è molto importante, poiché per gli antichi Greci il luogo ideale per la costruzione del teatro era il pendio dell'acropoli[224]. Si trattava infatti di un elemento che aumentava la bellezza architettonica dell'acropoli, diventando anche quest'ultimo un monumento in vista. Molti altri indizi confermano la collocazione dell'acropoli in questo determinato sito. Nelle pendici dell'altura, nei pressi del teatro, sono state rinvenute anche stampi destinati alla coniazione di monete e numerose scorie di fusione di metallo. Se tale ipotesi fosse vera, confermerebbe che in quel determinato luogo era situata anche l'*Argurokopeion*, ovvero la Zecca dello Stato, che di solito era situata nell'acropoli o nelle sue vicinanze[225]. Una testimonianza archeologica molto importante, riguardo ai resti che sono stati rinvenuti, ci viene offerta anche dall'architetto Sanzalone, attraverso la pianta topografica che allega al primo volume dell'opera storica dello Scaglione[226]. A

---

222 BARILLARO 1964, p. 17
223 *Ibidem.*
224 *Ibidem.*
225 BARILLARO 1964, p. 18.
226 *Ibidem.*

questo punto, si può chiaramente affermare che l'individuazione e soprattutto il ritrovamento di un numero così grande di resti, appartenenti ad antichi edifici e monumenti, non è del tutto casuale. L'insieme di tali dati conferma con maggior sicurezza l'ipotesi d'individuazione dell'acropoli, che era stata avanzata da Barillaro, Orsi e altri studiosi. Merita una maggior attenzione anche la riflessione contenuta nella pianta topografica del Sanzalone, che riguardava le basi delle colonne che furono rintracciate ai piedi dell'altura Imperatore, nei pressi del tempio Marafioti e del teatro greco-romano[227]. I resti del colonnato potrebbero accennare alla presenza nello stesso sito, di un santuario o di una *stoà*. A tutte queste informazioni, si possono aggiungere anche i vari rinvenimenti effettuati in località Pirèttina. Essi potrebbero essere la conferma che proprio in quel luogo si estendesse il bassopiano dell'*agora* di Locri. Non è nemmeno un caso se nelle vicinanze di contrada Pirèttina, fu ritrovata la teca litica considerata come l'Archivio del Tempio di Zeus, a cui molto probabilmente appartiene il colonnato già ricordato. Riguardo la collocazione dell'acropoli dobbiamo ricordare anche la <<Grotta dell'imperatore>>, collocata all'interno di un terreno di proprietà di Domenico Candida[228], su un versante della collina. Si suppone anche che tale grotta dovesse essere o un *Hieròn*, oppure doveva dar forma ad un santuario sotterraneo, dedicato molto

227 BARILLARO 1964, p. 18.
228 *Ibidem* p. 19.

probabilmente a culti di tipo misterici orfici-dionisiaci o alla divinità degli inferi Persefone[229]. Molti sono i simboli jeratici rinvenuti, a cui si devono aggiungere anche i numerosi ritrovamenti di ceramiche e varie argille. Fra queste ricordiamo anche i <<*pinakes*>>, appartenenti alla collezione Candida.

---

229 BARILLARO 1964, p. 19.

4.4 Il porto

Un altro problema fondamentale, di tipografia e archeologia, appartenente alla città di Locri Epizefiri è quello riguardante la collocazione del porto dell'antica *polis*. L'esistenza del porto presso l'antica *polis* è un qualcosa di quasi sicuro, per non dire certo. Sembra che oltre a ciò, esso possedesse anche un emporio portuale, molto importante dal punto di vista commerciale e militare[230]. Greci e Romani erano esperti navigatori, abili costruttori di navi e di porti, i quali consideravano il navigare come *"navigare necesse est, vivere non est necesse"*. Sembra perciò strano che essi si siano trattenuti dal costruire un porto, presso uno dei più fiorenti centri coloniali, definito da Platone anche come il "fiore d'Italia"[231]. Non era possibile che Locri fosse sprovvista di un porto, data la sua particolare conformazione territoriale e il suo ritrovarsi ai piedi dell'Aspromonte e delle Serre. Locri era una città che possedeva un ricco circondario di legname e di resina per navi, il quale gli avrebbe permesso l'instaurazione di veri e propri rapporti commerciali, anche con regioni molto distanti, oltre che un rientro non indifferente di guadagno. Un'ulteriore conferma del fatto che Locri non fosse sprovvista di un porto, ci proviene dal fatto che la Sila (o il gran bosco d'Italia come fu definito da Virgilio), riforniva nel mondo

---

230 BARILLARO 1959, p. 5.
231 *Ibidem.*

antico il materiale necessario per la costruzione di navi che appartenevano a varie potenze marinare. Il legno delle Serre veniva impiegato soprattutto per la costruzione delle triremi romane. Molti scrittori antichi forniscono un ulteriore conferma riguardo tutto questo. Gessing sosteneva come in tutta la costa del mar Ionio fossero presenti artigiani greci che realizzavano navi con il legname proveniente dal territorio circostante[232]. A questa va aggiunta anche un'importante riflessione di Tucidide. Sembra che già all'epoca della spedizione ateniese in Sicilia avvenuta intorno al 413-417 a.C. Ateniesi e Siracusani contassero, per la realizzazione delle loro triremi, sul legname del territorio cauloniate e locrese[233]. L'eventuale esistenza di un porto a Locri ci viene anche confermata da numerose fonti storiche, si ha infatti la certezza che Locri possedesse un cantiere navale presso *Medma*, una sua colonia e che da Locri partì e sbarcò la spedizione di una grande armata (120 navi, con 30 mila fanti e 1000 cavalieri), allestita da Dionisio il Vecchio, nel chiaro obbiettivo di conquistare tutte le città greche d'Italia. Le fonti storiche, affermano che Locri fornì navi a Roma anche in occasione della guerra che combatté contro Cartagine, Antioco e Perseo re di Macedonia[234]. Lo studioso Strazzulla, afferma che Locri fornì un grande contributo navale a Roma, anche durante la prima guerra punica (264 a.C. circa). Giaceri, invece sosteneva che varie navi

---

232 BARILLARO 1959, p. 6.
233 *Ibidem.*
234 BARILLARO 1959, p. 7.

locresi, insieme a quelle di Taranto, Velia e Napoli furono usate per il trasporto dei soldati in Sicilia contro i Cartaginesi[235]. Alcuni storici di grande importanza, come Livio e Polibio ci informano di come Locri entrò a far parte della Confederazione Romana, così come tutte le altre città navali che erano divenute *"sociii navales"* di Roma. Essa aveva quindi l'impegno di contribuire ad un cospicuo aumento della flotta della Repubblica[236].

Se le testimonianze riportate riguardo al grande numero di navi che Locri fornì a varie popolazioni e in modo particolare a quella romana, sono vere, risulta spontaneo pensare che tali unità navali, a Locri *Ephizephyrii* dovessero essere conservate in un porto della città. Non potevano di certo essere tenute in mare aperto. Si può quindi affermare che il florido capoluogo della locride italica possedesse molto probabilmente un ottimo porto, dotato anche di eccellenti attrezzatture portuali.

Non è da escludere che in epoca precoloniale la città fosse priva di un molo di attracco, ipotesi che viene largamente confermata da ritrovamenti di tipo ceramico. Tali ritrovamenti si ebbero durante le molteplici campagne di scavo, condotte nel corso del Novecento, presso le varie necropoli di Canale- Janchina- Patarriti[237]. Orsi, in una preziosa testimonianza, affermava:

---

235 *Ibidem* p. 8.
236 *Ibidem.*
237 BARILLARO 1959, p. 9.

"Accanto a ricchissimo vasellame indigeno, ho anche raccolto vari campioni di ceramiche importate, geometriche e anche zoomorfe, del periodo dei commerci precoloniali [.....]"[238].

È molto complesso stabilire il luogo esatto in cui sorgesse il porto dal quale partirono memorabili spedizioni. La soluzione a tale problema è molto difficile. Un problema furono le catastrofi naturali, imbattutesi nel corso del tempo come (alluvioni, maremoti, terremoti), che hanno devastato il territorio. Sul luogo in cui fosse veramente collocato il porto si possono fare solo delle semplici ipotesi. Ad esempio, molti scrittori antichi sostenevano che il porto locrese fosse collocato nella zona del Promontorio *"Zephyrion"* (corrispondente all'odierno Capo Bruzzano)[239]. In questo luogo sono state rinvenute alcune anfore sommerse e avvenne anche il primo stanziamento dei Locresi, precedente alla fondazione di Locri, denominato *"Lokroi oi Epizephyrioi"*. Altri studiosi, come il Duca di Luynes, Petersen e l'Oldfather, ritengono che il sito del porto doveva trovarsi collocato nelle vicinanze della città, lungo il litorale costiero parallelo all'attuale strada 106. Tale ipotesi ci viene confermata anche da una testimonianza dell'Oldfather:

---

238 *Ibidem.*
239 *Ibidem* p. 11.

"È poco verosimile che la colonia (dei fondatori della città), la cui rocca un tempo stava a brevissima distanza della spiaggia, si fosse in principio del tutto preclusa la via del mare"[240].

Il Duca di Luynes era intenzionato a identificare il sito proprio in una zona particolare del litorale ionico, dove sorge Torre Gerace o dei "Corvi", all'estremità meridionale della cinta muraria[241]. Questa zona era situata vicino al podere conosciuto come Casino dell'Imperatore, già citato precedentemente per la trattazione del sito dell'*Akropolis*. Esso era un luogo molto suggestivo per il sito di un porto, dal momento che offre un panorama mozzafiato, sia che si guardi verso il mare, che verso la montagna. Era un luogo in cui potevano vedersi anche ruderi appartenenti ad epoche precedenti. Il duca di Luynes supponeva che proprio all'estremità della cinta muraria si trovasse il porto, del quale, nel corso del tempo non era rimasto più nulla, sia a causa di alluvioni, sia a causa di mareggiate[242]. La tesi del Duca di Luynes trovò ampia conferma anche in altri studiosi, come ad esempio Abatino. Egli era dal pensiero che il porto si trovasse proprio sotto la muraglia destinata a dividere la parte alta dalla parte bassa della città[243]. Lo studioso Carbone-Grio sostiene invece che lì dove si trovasse la torre fosse collocato il molo del porto locrese, colmato ed emerso

---

240 BARILLARO 1959, p. 12.
241 *Ibidem.*
242 BARILLARO 1959, p. 13.
243 *Ibidem.*

in epoca moderna sulla spiaggia di nuova costruzione. Ciò viene indicato anche dal nome di Portigliola proveniente dalla nuova borgata nata[244]. Questo è il pensiero più accettato dalla maggior parte degli studiosi. Essi sostenevano che il porto di Locri, come di solito accadeva nella maggior parte dei casi, fosse collocato sulla linea della riviera, cioè nelle vicinanze della Torre Gerace e nei pressi del fiume della contrada Portigliola, lungo il muro della cinta muraria[245]. Si tratta di un pensiero che viene accolto anche in opere prestigiose come in "Guida d'Italia" di Bertarelli. Il terzo volume è dedicato all'Italia Meridionale e al suo interno è riportato il pensiero di studiosi, come il Duca di Luynes e Carbone-Grio. Studiosi come il Petersen e il Nissen, invece, erano dal pensiero che la città fosse divisa in due sezioni fra loro separate dalla strada del *Dromos:* una sezione superiore definita "*urbs*" (centro urbano vero e proprio) e una zona inferiore definita "*portus*" (città del porto). Il pensiero di tali autori appare non sicuro, poiché Petersen insieme ad Orsi sosteneva che il settore meridionale della città fosse un'aggiunta di età piuttosto recente, risalente forse al periodo latino e quindi posteriore alle Guerre Puniche[246]. Queste informazioni vengono confermate, dal rinvenimento in questa zona delle mura di cinta muraria, le quali si presentano più robuste e in qualche punto, come nella contrada

---

244 BARILLARO 1959, p. 13.
245 *Ibidem.*
246 BARILLARO 1959, p. 14.

Centocamere, si sovrappongono a ruderi più antichi[247]. Se gli antichi avessero dotato la città di un porto, se ne sarebbe rinvenuta qualche traccia, nonostante le varie trasformazioni intercorse nel terreno nel corso dei secoli. Invece ancora oggi non ci è pervenuta nessuna notizia né di dighe, né di moli o di altre strutture inerenti al porto. Il dibattito sulla vera collocazione del porto di Locri è tenuto in vita soprattutto dalla carenza di insenature presenti, che rende molto difficile la risoluzione del problema topografico. Un problema che non sono riusciti a risolvere nemmeno alcuni studiosi di archeologia navale, come Lehmann Hartleben, Vars, Von Pernull e Rivela. Altri studiosi, come Bunbury e lo Strafforello pensavano invece che il porto si trovasse collocato presso la foce della fiumara S. Ilario e di Condojanni, dove affermavano che in antichità vi fosse stata un'insenatura adatta all'approdo di varie navi[248]. L'Oldfather è fermamente sicuro che il porto si trovasse collocato nell'angolo Nord-Ovest della città, sempre sulla fascia costiera, mentre lo Scaglione sosteneva si trovasse presso Capo Bruzzano e il Petersen che si trovasse nelle vicinanze delle città[249]. La presenza molto elevata di ruscelli presenti in questa regione ha portato la spiaggia ad avanzare verso l'interno. La città che negli anni Cinquanta del Novecento distava dal mare (m. 260), originariamente si trovava molto più vicina. Infine, è importante anche l'opinione di uno studioso locale come

---

247 *Ibidem* p. 15.
248 BARILLARO 1959, p. 15.
249 *Ibidem* p. 16.

Barillaro, che concorda con il pensiero affermato dall'Oldfather. Quest'ultimo sosteneva come la collocazione del porto fosse da ricercare nell'angolo Nord-Ovest della città; dato che sulla carta erano presenti due mura laterali (quelle a Nord sembravano doppie), che distavano metri 200 l'uno dall'altro. Le mura laterali formavano un angolo retto con il muro di cinta, ed erano distanti circa metri 80 dal mare[250]. È importante anche una testimonianza riportata da De Franciscis, all'interno della quale ancora una volta egli ribadisce che l'aspetto della città, nel corso del tempo, non fosse cambiato di molto. Ovviamente c'era stato un arretramento della linea del mare dovuto a vari processi naturali e idrografici. De Franciscis, allo stesso tempo, sosteneva che alla prima generazione di coloni mancò sia un porto che un'acropoli sicura, ma che in compenso i coloni ebbero a disposizione un territorio fertile e la possibilità di instaurare una rete commerciale. Questa, trovava i loro destinatari sia nelle popolazioni indigene stanziate nelle vicinanze, sia in quelle situate sul versante tirrenico[251].

L'Oldfather ribadisce ancora una volta come la collocazione del porto sia ancora un problema topografico non risolto. Lo afferma chiaramente in questa frase: *"Le fonti storiche ne parlano più d'una circostanza, e dall'andamento del racconto si deduce che*

---

250 BARILLARO 1959, p. 16.
251 *Ibidem* p. 17.

esso debba cercarsi nelle vicinanze della città, ma non è ancora chiarito dove fosse [....]"[252].

Tutte queste tesi si contrappongono alla tesi sostenuta da Barillaro e altri studiosi locali come Antonio Trifoglio e il professore Giuseppe Parisi. Questi studiosi sostengono fermamente di non concordare riguardo al fatto che Locri non possedesse un porto naturale, un'acropoli e buone sorgenti idriche e non fosse un luogo adatto alla colonizzazione da parte degli antichi Greci[253]. Per avvalorare maggiormente questa tesi, gli studiosi hanno chiamato in causa molti passi storici, come quelli di Strabone ed Eforo. Tali passi storici sostenevano apertamente come i coloni Locresi, dopo anni di permanenza presso il Promontorio Zefirio definito anche *"Zephyrion akron"*, in cui possedevano un'ottima difesa dal vento d'Occidente e buone fonti sorgive; decisero di trasferirsi presso una nuova sede in cui trovare condizioni più favorevoli. Il motivo che spinse i Greci a trasferirsi in una nuova sede, fu proprio la presenza *in situ* di un buon porto naturale. Questo avrebbe permesso di poter sfruttare a pieno la loro attività di esperti navigatori e il loro bisogno di commercio marittimo[254]. Per questo motivo i Greci hanno scelto di trasferirsi ai piedi del colle *"Esopis"* o *"Epopis"*, a una distanza di circa km 3 dalla costa, nonostante tale località non possedesse né buoni sorgenti, né

---

252 *Ibidem.*
253 BARILLARO 1959, p. 18.
254 *Ibidem.*

un'acropoli effettiva, proprio perché in quel luogo trovarono un suolo molto fertile e ricco. Il colle *Esopis* offriva un potente collegamento con le popolazioni indigene e una via di sbocco sul versante Tirrenico. In particolare, trovarono soprattutto un'insenatura naturale che potesse soddisfare tutta la loro brama di grandi esperti navigatori. Invece è totalmente rifiutata l'ipotesi secondo la quale i coloni si stabilirono presso l'*Esopis* senza prima accertare l'esistenza di un attracco per le loro navi. Barillaro insieme ad Antonio Trifoglio e Giuseppe Parisi, effettuò anche un'altra ipotesi, ovvero che il porto e l'emporio portuale di Locri si trovassero collocati su uno dei versanti dell'attuale Fiumara Portigliola, situata proprio nelle immediate vicinanze della località. Qui i fondatori di *Lokroi Epizephyrioi* avrebbero stabilito la loro sede, ai piedi del monte *Esopis*[255]. Questa ipotesi appare confermata anche dalla presenza di molte insenature naturali (fra cui una molto grande). Si tratta infatti, delle uniche insenature presenti nei dintorni della città di Locri. Questi luoghi avevano il ruolo di "bacino di carenaggio", ed erano anche muniti di arsenale, cantiere e attrezzi al riparo dei flutti marini. Un'ulteriore sicurezza di come il porto si trovasse collocato all'interno della costa, ci viene fornita da Polibio, il quale affermava che tutta la costa d'Italia, da Reggio fino a Taranto fosse del tutto sprovvista di veri porti. La stessa Crotone, come afferma ancora lo storico greco,

---

255 BARILLARO 1959, p. 19.

pare che avesse un approdo efficiente solo per il periodo estivo[256]. A questi dati si possono aggiungere ancora molte informazioni suggestive, ad esempio lo stesso nome di Portigliola, (originariamente Portigliolo ossia "piccolo porto", "porto rifugio"). La desinenza del suo nome, conservata per secoli dalla toponomastica locale, potrebbe trovare collegamento ad un etimo come *"ilàos"*,*"ilèos"*, ovvero propizio, con il significato di porto propizio[257]. Questo confermerebbe come in antichità il luogo ospitasse un porto o almeno un porto-rifugio. Un'altra informazione importante ci proviene dalla toponomastica locale che riporta molte volte il nome di Portigliola[258]. Ciò conferma la grande importanza di cui godeva tale località, in cui molto probabilmente era collocato il porto dell'antica Repubblica Magnogreca. Si trattava infatti di un'insenatura naturale in cui il porto sorgeva ad una breve distanza dalla strada del Dromo. All'interno di una zona ben compresa nell'area archeologica più importante, esistente nell'antica Locri. Sicuramente tutto il territorio di Portigliola costituiva il vero cuore pulsante dell'antica colonia ellenica. Un'ulteriore conferma ci proviene ancora una volta dal Duca De Luynes, il quale affermava che il famoso "Casino dell'Imperatore", sito appunto nel territorio di Portigliola,

---

256 *Ibidem* p. 20.
257 BARILLARO 1959, p. 21.
258 *Ibidem*.

si trovasse collocato quasi in mezzo alle rovine dell'antica Locri[259].

Infine, possiamo capire come il problema della collocazione del porto e l'accertamento della sua vera esistenza sia stato uno dei problemi più grandi ma allo stesso affascinanti, che archeologi, studiosi ed eruditi di primo piano si siano posti, insieme ad altri eruditi locali come Emilio Barillaro e altri studiosi. Essi hanno concluso le loro ricerche con un'ipotesi molto suggestiva, nella quale forse è racchiuso il vero germoglio della verità. L'ipotesi confermava che il porto non si trovasse presso lo "*Zephyrion*", l'odierna (Capo Bruzzano), né presso la Marina di Condojanni, né presso S. Ilario e nemmeno in nessun'altra località appartenente alla fascia costiera. Il porto di Locri *Epizephyrii* andrebbe ricercato ai piedi dell'acropoli Castellace, molto probabilmente presso "l'*Esopis*", sede di stanziamento degli antichi coloni e allo stesso tempo anche rifugio delle navi "*dierreis*" e delle "*triereis*" della potente Repubblica Magnogreca.

---

259 *Ibidem* p. 22.

CONCLUSIONI

L'obbiettivo della presente opera è stato quello di voler ripercorre come una sorta di viaggio, la storia di una delle più affascinati e meravigliose *poleis* magnogreche come fu quella di Locri Epizefiri.

L'intero argomento di questo elaborato è stato trattato prendendo come fonti da seguire sia scritti di livello nazionale, sia ricerche effettuate da studiosi locali che hanno permesso di mettere in luce molti aspetti che inizialmente apparivano trascurati. Gran parte dell'attenzione è stata diretta anche su monumenti, santuari ed edifici presenti nell'antica *polis*. Testimoni oculari di fatti vicende ed eventi, di cui noi oggi possiamo solo immaginare un leggero velo di mistero e magia. Fin dal primo capitolo sono statti trattati vari argomenti appartenenti all'origine della città di *Lokroi*, attraverso i quali è stato possibile tramandare parte del fascino esercitato da personaggi come Zaleuco e Nosside. Attraverso tali temi è stato possibile tramandare parte di quella atmosfera che doveva respirarsi durante l'età Repubblicana, epoca di grandi scontri e battaglie. Allo stesso è stato possibile trasmettere anche il grande consenso con il quale sono state accolte le leggi democratiche, a tali leggi infatti è connessa anche l'inizio della coniazione di moneta all'interno della *polis*. Infine, parte della trattazione del primo capitolo è stato riservata a Nosside poetessa di Locri Epizefiri, che non scrisse solo epigrammi d'amore, ma anche componimenti che avevano come protagonisti i coloni di Locri. Nel secondo capitolo è stata svolta una sorta di panoramica riguardo la struttura dell'antica *polis*, concentrando l'attenzione su edifici pubblici, privati e necropoli che rivestivano un ruolo fondamentale nella *polis* di ogni tempo. Senza lasciare da parte il problema della cinta muraria, di cui oggi sono visibili solo pochi tratti. In modo particolare, parte dell'attenzione è stata indirizzata sui vari rifacimenti della cinta muraria e sulle torri che all'epoca dovevano essere collocate nelle pareti della cinta. Parte dello studio è stato riservato nei confronti della costruzione delle strade e della suddivisone dei vari lotti di terreni. Il terzo capitolo è stato interamente dedicato ai santuari presenti nell'antica *polis*, perché risulta interessante mettere in evidenza come nell'antica *Lokroi* il culto rivestisse un ruolo importante per non dire fondamentale. La profonda riflessione dedicata ai santuari, ci permette di capire come le persone dell'antica Locri vivessero il culto. Si trattava di una religione che molto spesso portava i coloni a svolgere riti, sacrifici o a portare doni votivi alla divinità, solo per chiedere in cambio un favore. È interessante notare come spesso questi favori erano collegati ad eventi naturali, come ad esempio il fenomeno della pioggia che permetteva ai contadini di avere raccolti proficui e ricchi. Si trattava quindi di favori legati strettamente alla vita quotidiana, a bisogni pratici, a risorse di prima necessità. Favori ai quali ripensandoci oggi ci scappa un sorriso. La trattazione dell'ambito sacro all'interno dell'antica *Lokroi* ha permesso anche di raccontare il grande fascino esercitato dai *pinakes* dedicati alla Dea Persefone, appartenenti ad un'epoca molto lontana alla nostra. Tali *pinakes* ci hanno consentito di conoscere molti aspetti completamente sconosciuti del mito di Persefone, oltre a presentarsi anche come la più grande testimonianza dell'antichità riguardante i doni votivi. La fine del terzo capitolo è dedicata al Santuario di Grotta Caruso e all'emblematico edificio della *Stoà ad U*. Il Santuario di Grotta Caruso per l'epoca dovette essere una sorta di ninfeo, in cui una parte fondamentale di fascino era affidata all'acqua, oppure parte della sua magia può essere connessa al fatto che ancora oggi non si conosce con certezza la divinità a cui fosse dedicato. All'interno del quarto capitolo sono stati affrontati due grandi problemi che ancora oggi appaiono irrisolti, la collocazione dell'antica *akropolis* e dell'antico porto all'interno della città di *Lokroi*. Sono state riportate molte ipotesi formulate da vari studiosi nel corso degli anni, soprattutto quelle effettuate da due figure fondamentali, Paolo Orsi ed Emilio Barillaro. In modo particolare grande spazio è riservato ad uno studioso locale come Emilio Barillaro, che tra gli anni Cinquanta e Sessanta del secolo scorso ha composto interessanti "Quaderni di lettura" e opuscoli riguardo a vari problemi topografici dell'antica *polis*. Per la prima volta è stata inserita anche la "voce debole" di uno studioso calabrese, che ha amato la sua terra e in modo particolare ha amato i misteri di una città meravigliosa e allo stesso tempo affascinante come quella di Locri. Forse in un futuro verrà stanziata una nuova campagna di scavi e di ricerca per le zone dell'antica *Lokroi,* ma si tratta più di un'utopia che di un presupposto realizzabile.

Alla fine di questo percorso si è giunti a comprendere la cultura, l'arte e le strutture complesse di una città come quella di Locri Epizefiri. Una città che potrebbe anche definirsi come un cassetto, che nel momento in cui viene aperto ci offre la visione di tanti pezzetti di puzzle posizionati in modo confusionario, ma che alla fine uniti formano un mosaico meraviglioso, costituito da tasselli intrisi di una bellezza unica e rara.

Questo elaborato ha avuto soprattutto l'obbiettivo di tramandare un pensiero concreto ed effettivo di tutti gli elementi storici, monumentali e artistici, che hanno contributo a formare il profilo storico ed artistico di una delle più belle *poleis* magnogreche.

BIBLIOGRAFIA

ARIAS, PARRA 1991 = P.E. ARIAS, M.C. PARRA, *Fonti numismatiche s.v. Locri*, in *Bibliografia topografica della colonizzazione greca in Italia e nelle isole Tirreniche* vol. 9, Pisa 1991, pp. 191-214.

BARILLARO 1959 = E. BARILLARO, *Il porto di Locri Epizephyrii*, Corigliano Calabro 1959.

BARILLARO 1964 = E. BARILLARO, *L'akropolis di Lokroi Epizephyrioi*, Corigliano Calabro 1964.

BARRA BAGNASCO 1994 = M. BARRA BAGNASCO, *Locri Epizefiri organizzazione dello spazio urbano e del territorio nel quadro della cultura della Grecia di Occidente*, Chiaravalle Centrale 1984.

COSTABILE 1991 a = F. COSTABILE, *Confronti tipologici con la teca locrese: Gortyna, Lebena e Caulonia*, in F. COSTABILE (a cura di), *Polis ed Olympieion a Locri Epizefiri*, Soveria Mannelli 1992.

COSTABILE 1991 b = F. COSTABILE, *Sima con gronda a protome leonina*, in F. COSTABILE (a cura di), *I ninfei di Locri Epizefiri*, Soveria Manelli 1991.

COSTAMAGNA, SABBIONE 1990 = L. COSTAMAGNA-C. SABBIONE, *Una città in Magna Grecia Locri Epizefiri*, Reggio Calabria 1990.

DE FRANCISICS 1977 = A. DE FRANCISCIS, *Locri Epizefiri nella civiltà della Magna Grecia*, in *Atti del Sedicesimo Convegno di Studi sulla Magna Grecia* (Taranto, 3-8 ottobre 1976), Napoli 1977, pp. 11-20.

FOTI 1977 = G. FOTI, *La topografia di Locri Epizefiri*, in *Atti del Sedicesimo convegno di studi sulla Magna Grecia* (Taranto, 3-8 ottobre 1976), Napoli 1977, pp. 343- 362 e tavv. 27-32.

GIGANTE 1988 = M. GIGANTE, *Gli epigrammi di Nosside*, in S. SETTIS (a cura di), *Storia della calabria antica vol.2*, Roma-Reggio Calabria 1988, pp. 532-557.

GINER 1992 = C.A. GINER, *Ipotesi sul meccanismo di apertura della teca di Locri*, in F. COSTABILE (a cura di), *Polis ed Olympieion a Locri Epizefiri*, Soveria Mannelli 1992, pp. 15-23.

HYERACI 1964 = E. HYERACI, *Le <<tavolette di bronzo>> di Locri Epizephyri*, in *Storia e cultura della Locride*, Messina 1964, pp. 55-58.

JENTILE 1964 = L. JENTILE, *I <<Pinakes di Locri Epizefiri >>*, in *Storia e Cultura della Locride*, Messina 1964, pp. 59-64.

LIBERTI 1984 = R. LIBERTI, *Emilio Barillaro*, in *Memorie di studiosi calabresi*, Oppido Mamertina 2011.

MARTORANO 1991 a = F. MARTORANO, *Il sito e l'architettura*, in F. COSTABILE (a cura di), *I ninfei di Locri Epizefiri*, Soveria Mannelli 1991, pp. 7-13.

MARTORANO 1991 b = F. MARTORANO, *La grotta Caruso nel quadro delle grotte-ninfeo del mondo greco*, in F. COSTABILE (a cura di), *I ninfei di Locri Epizefiri*, Soveria Mannelli 1991, pp. 13-15.

MUSTI 1977 a = D. MUSTI, *Il nome di Locri. Il problema della provenienza dei coloni*, in *Atti del Sedicesimo convegno di studi sulla Magna Grecia* (Taranto, 3-8 ottobre 1976), Napoli 1977, pp. 23-37.

MUSTI 1977 b = D. MUSTI, *Considerazioni sulla legislazione arcaica di Locri nei suoi rapporti con le strutture sociali ed economiche della città*, in *Atti del Sedicesimo Convegno sulla Magna Grecia* (Taranto, 3-8 ottobre 1976), Napoli 1977, pp. 72-85.

MUSTI 1977 c = D. MUSTI, *Aspetti della politica estera di Locri, considerata in funzione della sua storia sociale, nei secoli V e IV; Rapporti con Reggio, con Siracusa e Messana; la politica dei Dionisii e la particolare posizione di Dionisio II; la crisi del regime* oligarchico, in *Atti del Sedicesimo convegno di studi sulla Magna Grecia* (Taranto, 3-8 ottobre 1976), Napoli 1977, pp. 85-108.

PARRA 1991 a = M.C. PARRA, *Sedicesimo percorso di Locri Epizefiri e Gerace*, in M.C. PARRA (a cura di), *Guida archeologica della Calabria*, Bari 1998, pp. 231-234.

PARRA 1991 b = M.C. PARRA, *Le antefisse sileniche*, in F. COSTABILE (a cura di), *I ninfei di Locri Epizefiri*, Soveria Mannelli 1991, pp. 17-21.

SCHENAL PILEGGI 2013 = R. SCHENAL PILEGGI, *I Pinakes di Locri Epizefiri*, Reggio Calabria 2013.

TORELLI 1977 = M. TORELLI, *I Culti di* Locri, in *Atti del sedicesimo convegno di Studi sulla Magna Grecia* (Taranto, 3-8 ottobre 1976), Napoli 1977, pp. 147-184.

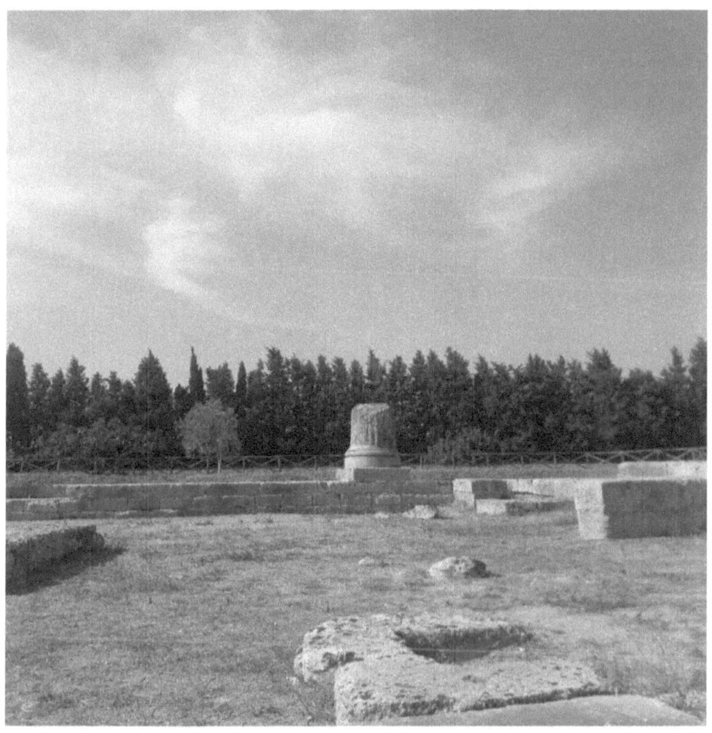

Fig. 1 Marasà basamento del tempio ionico.

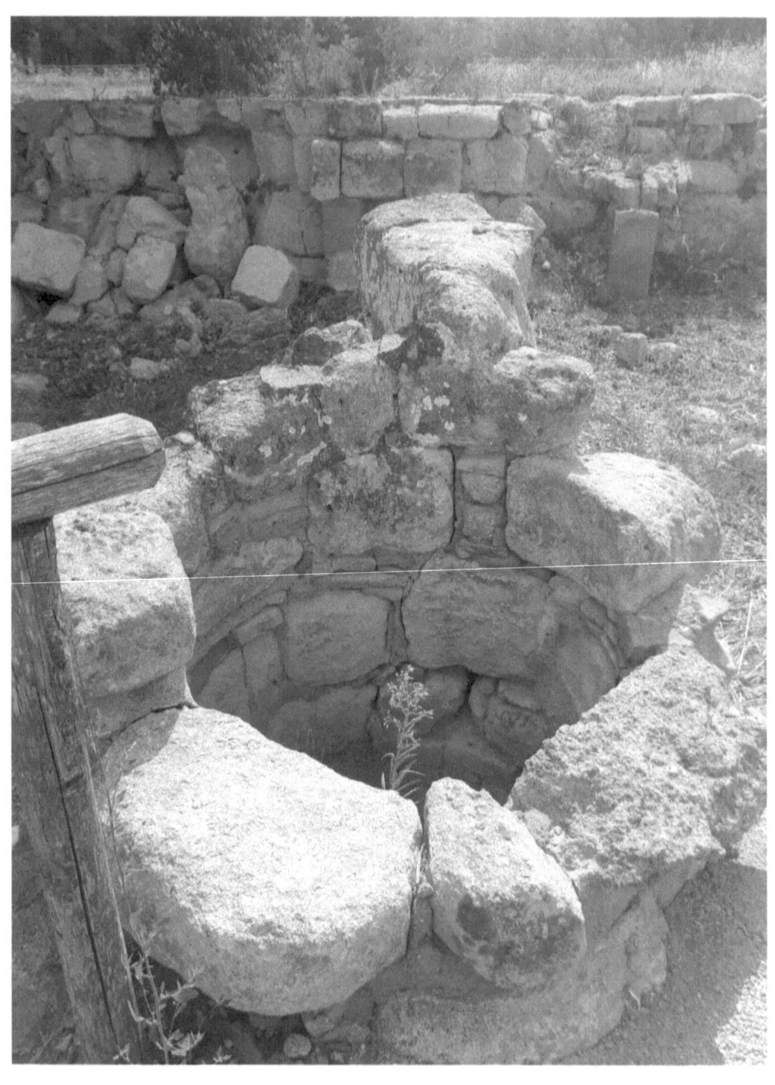

Fig. 2 Centocamere, isolati irregolari: pozzo nell'isolato H1.

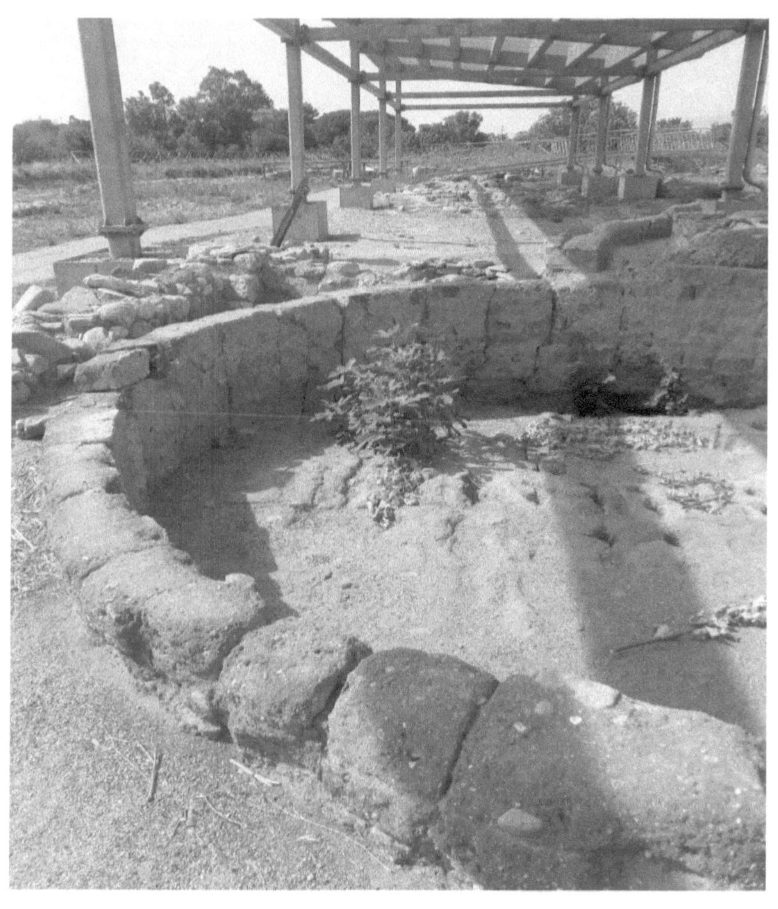

Fig. 3 Centocamere, isolati irregolari: il muro esterno della camera di cottura di una fornace circolare.

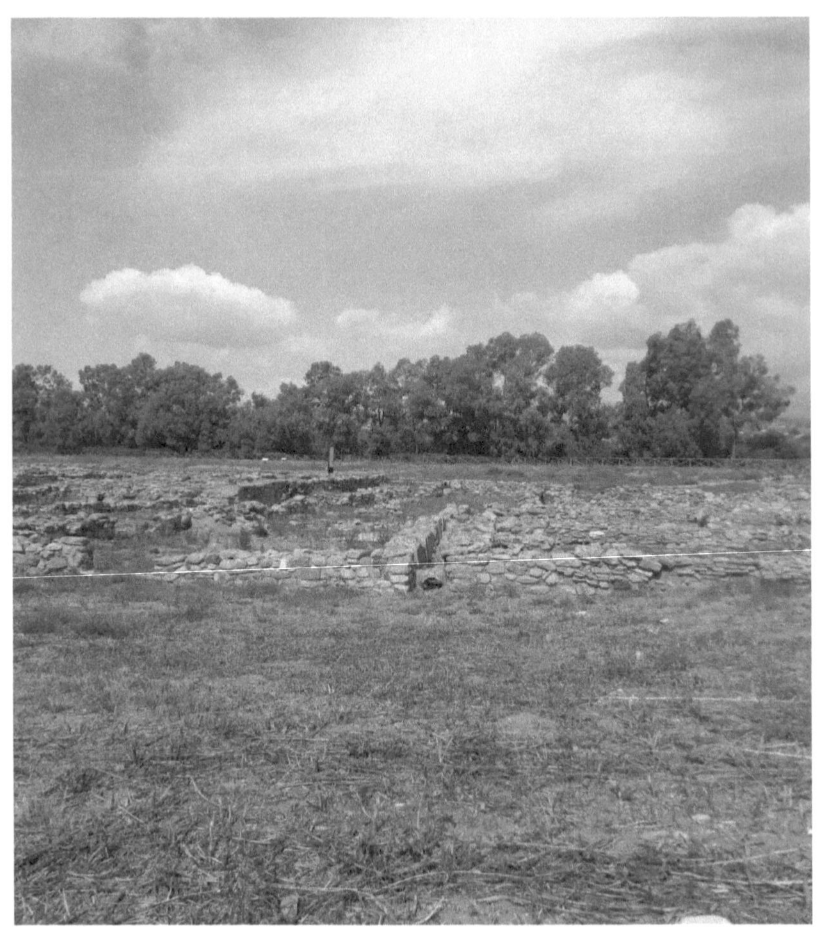

Fig. 4 Centocamere, isolati irregolari: particolare dell'isolato H5 con il tubo per lo scarico delle acque.

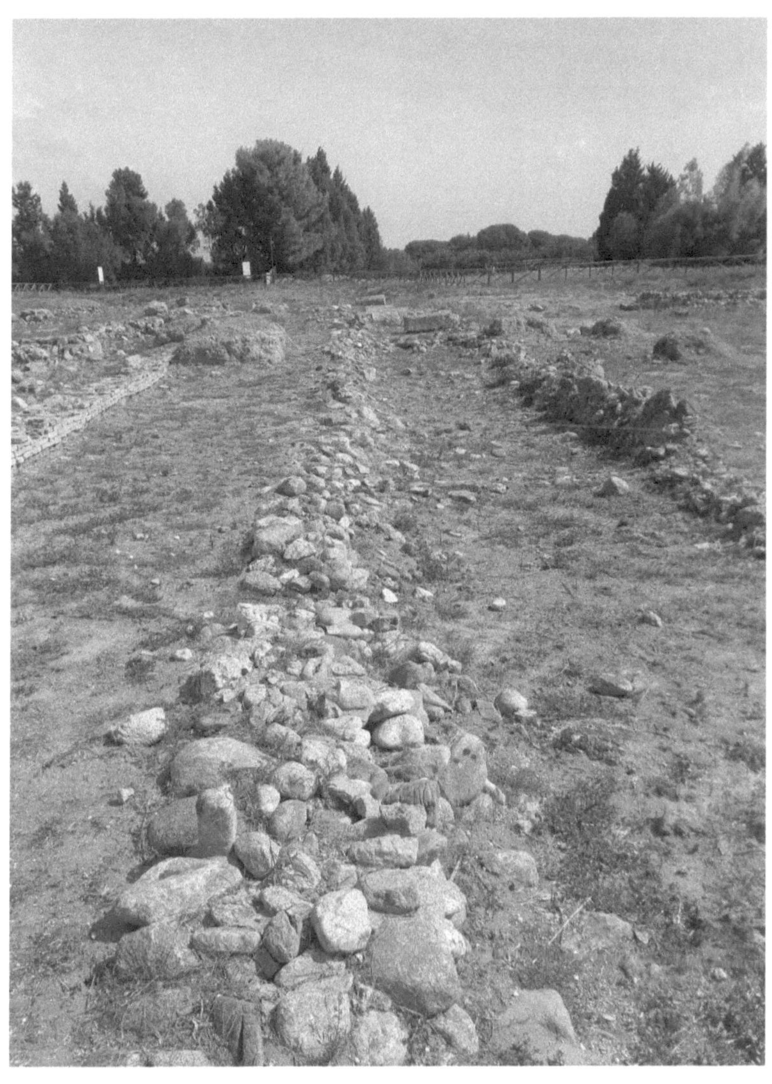

Fig. 5 Centocamere: gli ambienti del braccio meridionale della "*Stoà* a U".

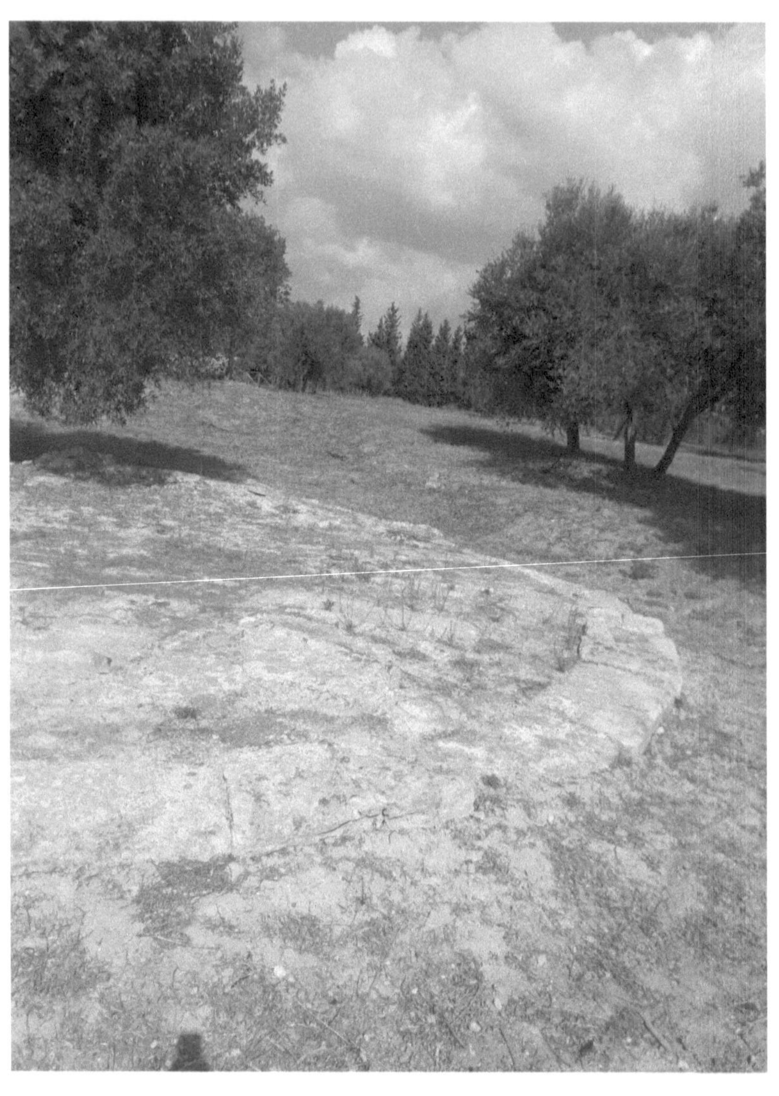

Fig. 6 Basamento torre a base circolare nei pressi del Santuario Marasà.

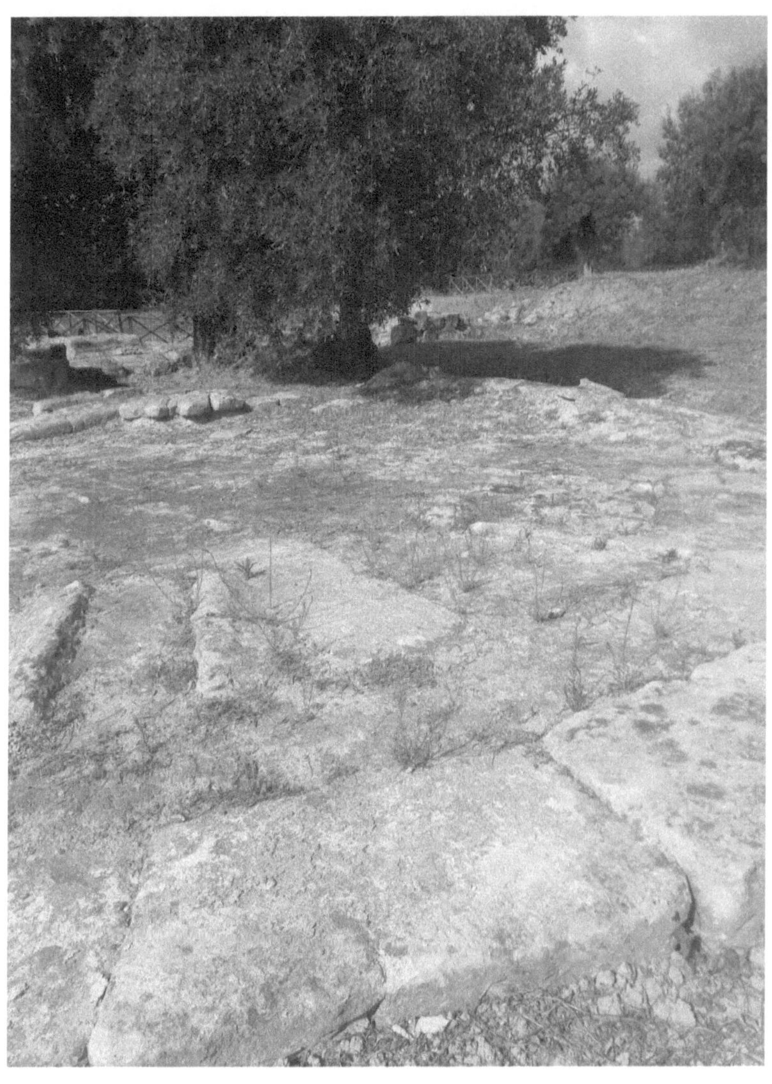

Fig. 7 Basamento edificio templare dedicato ad una divinità ignota.

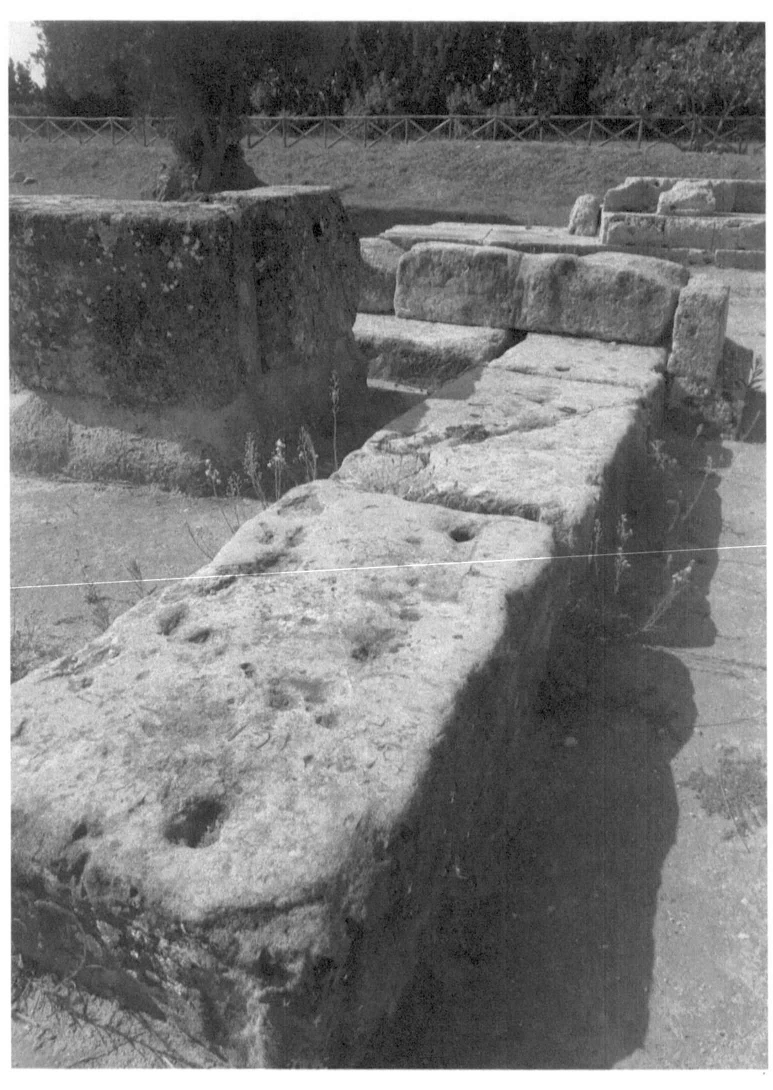

Fig. 8 Mura del tempio ionico Marasà lato Sud.

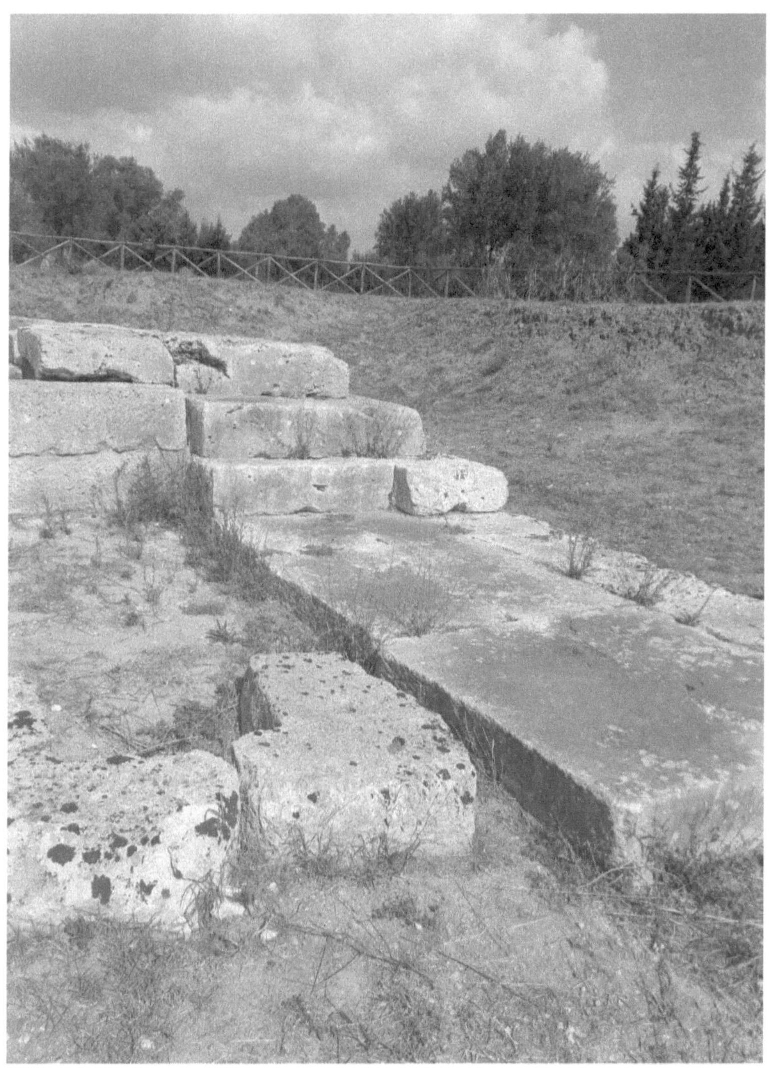

Fig. 9 Mura del tempio ionico Marasà lato Nord.

Indice

INTRODUZIONE...5

Cap. 1: Locri Epizefiri: polis greca................................9

1.1 Le origini di Locri...9

1.1.1 Lo sbarco presso Capo Zefirio e l'arrivo a
Janchina..12

1.2 Zaleuco legislatore tra leggenda e storia...................15

1.3 Profili della Politica estera di Locri nei secoli V e IV
a.C...18

1.3.1 Gli scontri tra Locri e le altre colonie
magnogreche...19

1.4 Introduzione alla moneta.................................21

1.5 Nosside...24

1.6 Locri in età repubblicana e imperiale......................28

1.6.1 Locri in età repubblicana.......................28

1.6.2 Locri in età imperiale..........................30

1.7 La struttura della città...................................32

Cap. 2: La struttura di Locri......................................34

2.1 Le Mura..34

2.2 La struttura urbana e le strade...........................42

2.2.1 La struttura urbana.............................42

2.2.2 Le strade.......................................46

2.2.3 Le aree private..52

2.3 Spazi ed edifici pubblici..54

2.4 Le necropoli...59

Cap. 3: I Santuari..65

3.1 I Santuari...65

3.2 Il Santuario Marasà...68

3.3 Santuario di casa Marafioti...................................72

3.4 La teca dell'Archivio del santuario di Zeus Olimpio 76

3.5 Il santuario di Persefone.......................................84

3.5.1 I Pinakes...89

3.6 Santuario di Grotta Caruso....................................95

3.7 L'edificio Stoà a U..103

Cap. 4: Paolo Orsi, Emilio Barillaro...........................106

4.1 Paolo Orsi..106

4.2 Emilio Barillaro...111

4.3 L'Akropolis di Lokroi...115

4.4 Il porto..126

CONCLUSIONI..138

BIBLIOGRAFIA...142

Appendice fotografico...147